Das Katzen-bastelbuch

Jan Eaton · Caroline Green · Sue Quinn

Das Katzenbastelbuch

Vielfältige Gestaltungsideen, Arbeitstechniken und Materialien

MOSAIK VERLAG

Dieses Buch wurde zuerst unter dem Titel
Crafty Cats von Salamander Books Ltd., London, veröffentlicht.
Copyright für die Zeichnungen bei den Autorinnen
Jan Eaton, Caroline Green und Sue Quinn.

Editor: Jill Glassborow
Designer: Glynis Edwards
Photographer: Steve Tanner
Colour artwork: Malcolm Porter

Der Mosaik Verlag ist ein Unternehmen
der Verlagsgruppe Bertelsmann

Aus dem Englischen übersetzt von Ursula Bischoff, Aschheim
Redaktion: Kirsten Spieldiener, Jutta Hamberger

Satz: Filmsatz Schröter GmbH, München
Druck und Bindung: Proost International Book,
Produktion Turnhaut, Belgien
ISBN 3-576-10002-4 · Printed in Belgien

Inhalt

Einführung

Dieses entzückende Buch, für Liebhaber/innen von Katzen und Kunsthandwerklichem gleichermaßen geschrieben, zeigt Ihnen, wie Sie sechzehn zauberhafte Katzenmotive nacharbeiten – angefangen bei Applikationen auf Kissen bis hin zu Stickereien, einem wattierten Samtvorleger und handgestrickten Pullovern. Und Sie müssen nicht einmal im Umgang mit der Strick- oder Sticknadel geübt sein, um sich an das eine oder andere Kunstwerk heranzuwagen! Sollte Ihre Begabung mehr im Bereich Malen und Modellieren liegen, können Sie Ihre Wände mit Hilfe einer Schablone rundum mit einer dekorativen Katzen-Zierleiste versehen, ein originelles Mobile aus Tonkatzen basteln oder Ihre Freunde mit einer selbstgemachten Grußkarte und Geschenkpapier überraschen.

Das Bild unten zeigt einige der vielfältigen, in diesem Buch verwendeten Materialien. Farben, Pinsel, Schwämme, Kreppband, Scheren, Messer, Wolle, Garne, Nadeln, Stickrahmen, Stramin, Samt und Pelz werden zum Malen und Modellieren, Stricken, Sticken und für das Basteln von Spielzeug benutzt.

Jeder Entwurf wird von einer farbenprächtigen Fotografie und einer detaillierten Anleitung begleitet, die Schritt für Schritt erläutert, wie Sie das Modell nacharbeiten. Auch wenn es im begrenzten Rahmen dieses Buches nicht möglich ist, alle vorgestellten Techniken im einzelnen zu erklären, finden Sie eine Fülle nützlicher Hinweise und Tips, mit denen Sie perfekte Ergebnisse erzielen.

Den Stickmodellen, beispielsweise dem entzückenden »Katzen-ABC« oder der poppigen »Tiger-Geometrie« sind Zählmuster beigefügt, nach denen Sie Kästchen für Kästchen arbeiten können. Jedes Quadrat stellt einen Stich dar.

Bei vielen anderen Modellen ist das Muster verkleinert in ein Raster eingezeichnet worden. Es soll Ihnen helfen, eine maßstabgerechte Vergrößerung anzufertigen.

Vergrößerung des Modells

Auf jedem Zählmuster ist der Maßstab angegeben; so entspricht beispielsweise ein Quadrat 2,5 cm der Originalgröße. Nehmen Sie ein Blatt Papier, einen Filzstift und ein langes Lineal und fertigen Sie Ihr eigenes Raster in den vorgegebenen Ausmaßen an. Dann suchen Sie sich einen Punkt auf dem Muster, von dem aus Sie beginnen. Merken Sie sich, in welchem Quadrat er zu finden ist, und suchen Sie das entsprechende Karo in Ihrem eigenen Raster. Markieren Sie die Ein- und Austrittspunkte der Musterlinie im jeweiligen Quadrat. Verbinden Sie nun die beiden Punkte sorgfältig, indem Sie den Außenlinien innerhalb des Quadrats folgen.

Übertragen Sie das Modell Kästchen für Kästchen auf Ihr eigenes Raster. Danach zeichnen Sie die Einzelheiten wie Augen, Mund und andere markante Punkte ein, wobei Sie besonders auf deren Position achten. Markieren Sie auch die Pelzstrichrichtung bei den genähten Spielzeug-Modellen. Das ist besonders wichtig, denn läuft der Strich in die falsche Richtung, wird das Aussehen des fertigen Stücks beeinträchtigt.

Wenn Sie ein Modell größer als angegeben nacharbeiten möchten, zeichnen Sie einfach größere Quadrate. Wählen Sie beispielsweise ein doppelt so großes Karo, wird das fertige Stück doppelt so groß. Auf ähnliche Weise können Sie das Modell auch verkleinern, indem Sie kleinere als die angegebenen Maße in Ihr Raster einzeichnen.

Arbeiten mit dem Zählmuster

Bei manchen Modellen empfehlen wir, das im Buch enthaltene Papiermuster direkt zu verwenden. Sie können entweder einzelne Teile des Musters ausschneiden, z. B. für Applikationen, oder es auf Transparentpapier durchzeichnen, wie auf Seite 17. Für andere Arbeiten, wie beispielsweise die drei Kuscheltiere, empfiehlt sich die Anfertigung von Papp-Schablonen. Sie sind haltbarer, falls Sie diese mehrfach benutzen müssen, und die Linien lassen sich leichter als bei einem Papierschnittmuster übertragen. Der Webpelz ist außerdem zu dick, um die Papiermusterteile mit Stecknadeln darauf zu befestigen; übertragen Sie die Konturen also mit Filzstift direkt auf die Rückseite des Materials.

Materialien und Werkzeug

Für jedes Modell ist eine Liste mit den Materialien und Werkzeugen angegeben, die Sie brauchen und griffbereit halten sollten. Es ist ratsam, stets auf Materialien von guter Qualität zu achten, insbesondere bei Stoff und Wolle; sie mögen zwar teurer sein, aber das Ergebnis fällt dafür um so besser aus. Das gilt auch für Pinsel, die bei pfleglicher Behandlung länger als die billigeren Sorten halten. Sie sollten sofort nach dem Gebrauch in einem geeigneten Lösungsmittel ausgewaschen werden und trocknen, so daß sie wieder ihre natürliche Form annehmen.

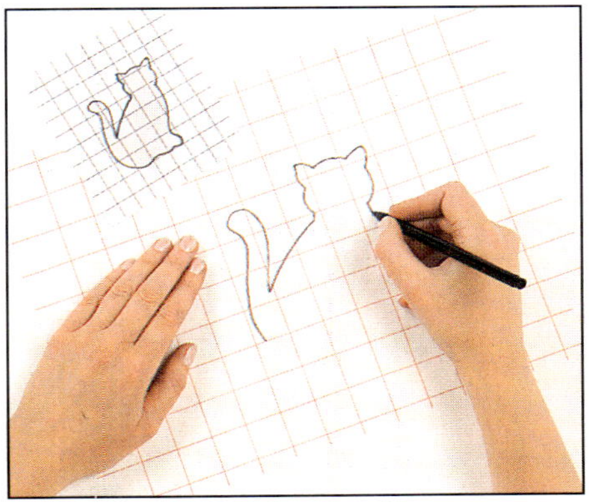

Um ein Modell maßstabsgetreu anzufertigen, zunächst ein Raster in der angegebenen Größe auf ein Blatt Papier zeichnen. Dann die Linien sorgsam Kästchen für Kästchen auf Ihr Zählmuster übertragen.

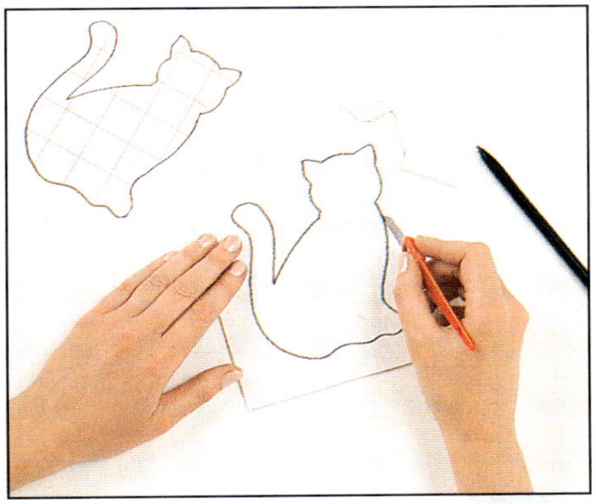

Für ein haltbareres Schnittmuster eine Schablone anfertigen. Die Papiermuster-Teile ausschneiden und die Linien rundum auf Pappe nachzeichnen. Dann die Schablone ausschneiden.

Bei den Spielzeug-Modellen die Papp-Schablone auf die Rückseite des Webpelzes legen und nachzeichnen. Sind zwei spiegelverkehrte Teile vorgeschrieben, die Schablone für die zweite Hälfte umdrehen.

Katzengrüße und Pussypapier

Hier einige zauberhafte Ideen, um Ihren Grußkarten aus eigener Werkstatt eine ganz persönliche Note zu verleihen. Sie können sogar farbenprächtige Geschenkanhänger und -papier im gleichen Design anfertigen.

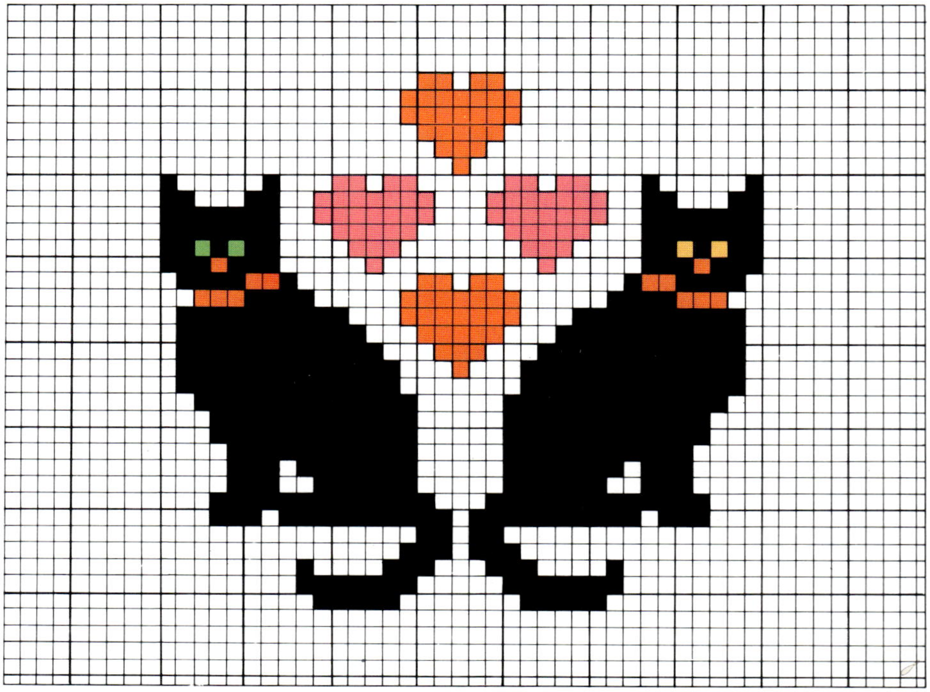

Gestickte Glückwunschkarte

Machen Sie doch einmal lieben Freunden mit dieser gestickten Glückwunschkarte eine ganz besondere Freude! Sie wird im Kreuzstich (siehe S. 39) auf einem auszählbaren Handarbeitsgrundstoff gestickt und eignet sich hervorragend dazu, mehrfädige Sticktwistreste aufzubrauchen.

Die Stickerei paßt in einen Kreis von 8 cm Durchmesser, der in eine unbedruckte Karte (erhältlich in Schreibwarenläden) geschnitten wurde. Bestickt wird ein 12 cm großes Quadrat auszählbaren Handarbeitsgrundstoffs.

Der Stoff wird zunächst in den Stickrahmen gespannt, um die Stiche ordentlich und gleichmäßig ausführen zu können. Markieren Sie dann das in der Mitte liegende Stoffkästchen mit einer Stecknadel und suchen Sie das entsprechende Karo im Zählmuster (rechts). Nun arbeiten Sie das Motiv von der Mitte nach außen Kästchen für Kästchen mit drei abgespaltenen Twistfäden nach. Denken Sie daran, daß jedes Quadrat des Zählmusters für einen Kreuzstich über ein Gewebekaro in Breite und Höhe gilt.

Nach Beendigung der Arbeit den Stickrahmen entfernen und die Arbeit von links dämpfen, ohne die Stickerei flachzubügeln. Überschüssigen Stoff rundum zurückschneiden, dabei einen Rand von 2 cm belassen. Karte mit der Schauseite nach unten hinlegen, Stickmotiv auf das runde Fenster schieben und mit Klebeband fixieren. Zum Schluß den ausgeschnittenen Kreisdeckel über der Stickerei festkleben.

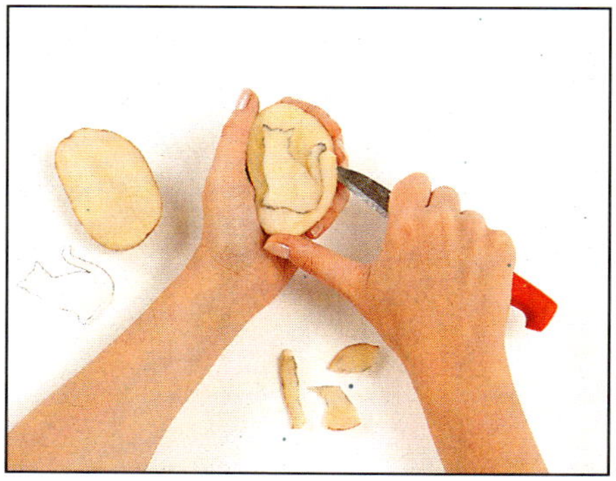

1 *Katzenkonturen mit Filzstift auf Kartoffel übertragen. Mit senkrecht gehaltenem Messer außerhalb der Linie rundum die obere Schicht der überschüssigen Kartoffel wegschneiden, so daß der Katzenkörper als Stempel übrigbleibt.*

2 *Farbe anmischen und großzügig auf Katzenkörper auftragen. Kartoffelstempel auf sauberes Papier pressen. Bei festem Druck entstehen pro neu aufgetragener Farbschicht drei zunehmend blassere Katzenbilder.*

Katze am Fenster

Für diese zauberhafte Karte brauchen Sie ein Katzenfoto, das aus Ihrem eigenen Fotoalbum stammen, aber auch aus einer Zeitschrift oder einem Kalender ausgeschnitten werden kann. Achten Sie in letzterem Fall auf gute Papierqualität, so daß ein möglicher Druck auf der Rückseite des Bildes nicht durchscheint. Von der Größe des Katzenfotos hängt die Größe des Pappkarton-Stückes und des Fensters ab.

Transparentpapier auf das Katzenbild legen und ein Fenster nachzeichnen, das ein wenig kleiner als das Bild ist. Fenster auf ein großes Stück weißen oder farbigen Karton übertragen und Fensterscheiben mit einem Bastelmesser ausschneiden. An den Innenseiten des Fensterrahmens entlangschneiden und den Karton an den Seiten einkerben, so daß Angeln entstehen und die Fenster sich öffnen und schließen lassen. Den äußeren Rahmen und die Fensterbank schwarz nachmalen.

Pappe in der Mitte falzen, so daß eine Faltkarte mit dem Fenster auf der Schauseite und dem Falz links entsteht. Katzenbild sorgfältig hinter das Fenster auf die Innenseite der Karte kleben; überschüssige Ränder wegschneiden, so daß sich das Fenster genau in der Mitte befindet.

Das sind die Katzenkonturen in Originalgröße. Damit können Sie Grußkarten und Geschenkanhänger bedrucken.

Katzenpapier und -anhänger in Regenbogenfarben

Dieses lustige Einwickelpapier läßt sich schnell und leicht herstellen; außerdem ist es viel billiger als Geschenkpapier und -anhänger, die man im Schreibwarenladen kaufen kann. Katzenkontur links auf Transparentpapier durchzeichnen, dann auf dünne Pappe übertragen und die Schablone mit dem Bastelmesser ausschneiden. Kartoffel mittlerer Größe quer in zwei Hälften schneiden. Nun Schritt 1 und 2 auf der gegenüberliegenden Seite folgen.

Für das Geschenkpapier haben wir sämtliche Farben des Regenbogens benutzt und die Katzen in diagonalen Reihen über ein großes Stück dünnes, weißes Papier gedruckt. Verwenden Sie Acryl- oder Plakatfarben und einen kleinen Pinsel. Stempeln Sie einige Katzen einzeln auf ein Stück Papier für Karten und Anhänger. Experimentieren Sie mit den Farben: mischen Sie beispielsweise zwei Farben, um für Abwechslung zu sorgen.

Sobald die Farbe trocken ist, können Sie Ihr Geschenk in das bedruckte Papier einpacken und eine farblich passende Schleife darumbinden. Für die Anhänger das Katzenmotiv einmal ausschneiden und auf ein weißes Papprechteck kleben. Anhänger zur Hälfte falten und in einer Ecke ein Loch anbringen, durch das ein schmales farbiges Band oder eine Kordel gezogen wird.

Für die Grußkarte das Katzenmotiv einmal ausschneiden und auf ein weißes Pappquadrat kleben. Sie können auch eine unbedruckte Karte im Schreibwarengeschäft kaufen und den Katzendruck auf der Innenseite anbringen.

Papa Maché und seine Familie

Diese lustige Katzenfamilie besteht aus Papiermaché, das um einen Luftballon modelliert wurde. Sie können sie als Schmuckstück aufstellen, oder Ihre Phantasie spielen lassen und die Katzen z. B. mit Sand füllen und als Briefbeschwerer oder als Spardose benutzen, wenn Sie vor dem Bemalen einen Schlitz an der Oberseite anbringen – ein wunderschönes Geschenk für ein Kind.

Material:
Länglich geformte Luftballons
Eine Rolle Tapete
Holzleim
Wasserfarbenpinsel
Grundierfarbe (für Leinwand)
Acrylfarben in verschiedenen Tönen, außerdem in Schwarz und Weiß
Schwarzer Filzstift
Vaseline
Schmirgelpapier
Klarlack
Bleistift
Schere und Bastelmesser
Kleiderbügel

Papiermaché kann man auf verschiedene Weise herstellen, aber die hier geschilderte Methode ist vermutlich die sauberste, die ein gelungenes Modell mit glatter Oberfläche gewährleistet, obwohl es eine Weile dauert, die verschiedenen Schichten zu formen.

Folgen Sie Schritt 1 und 2 auf der gegenüberliegenden Seite und formen Sie vier Papierschichten. Die Ohren nun, wie in Schritt 3 beschrieben, anfertigen und ankleben. Das Modell trocknen lassen, bis es hart klingt, wenn Sie mit dem Finger dagegen klopfen. Dann vier weitere Schichten formen, so daß sich das Modell ziemlich fest anfühlt und die Ohren ohne sichtbare Nahtstellen in die Kopfform übergehen. Hängen Sie es auf einen Kleiderbügel, damit das Papiermaché während des Trocknens nicht auf der Arbeitsunterlage festklebt.

Folgen Sie nun Schritt 4, um die Katze zum Bemalen vorzubereiten. Wenn die Grundier-Farbschichten trocken sind, mit einer Nadel in den Ballon stechen und die Teile durch das Loch im Boden herausziehen. Das Papiermaché weist hier eine rauhe Oberfläche auf, die nun mit einer Schere oder dem Bastelmesser geglättet wird, so daß die fertige Katze aufrecht steht. Sie können den Boden offenlassen, oder das Loch mit angeklebten Papierstreifen verschließen und mit einer Grundierfarbschicht überziehen, falls Sie die Katzen als Briefbeschwerer oder Spardosen benutzen möchten.

Das Bemalen

Nach Beendigung von Schritt 4 wird die Oberfläche bemalt. Sie können unsere Katzen als Vorlage verwenden oder in Geschenkläden, Zeitschriften oder auf Geburtstagskarten nach Anregungen suchen. Die Konturen mit Bleistift auf dem Papiermaché-Modell vorzeichnen. Danach die Farben sorgfältig mit wenig Wasser anrüh-

1 *Einen Luftballon aufblasen und rund 6 cm vom offenen Ende entfernt verknoten. Die gesamte Oberfläche mit Vaseline einreiben, damit sie sich später vom Papiermaché löst.*

2 *Ein großes Stück Tapete in kleine Schnipsel zerreißen. Leim mit ein wenig Wasser in einer Schüssel auflösen. Die Schnipsel mit dem in Leim getauchten Pinsel aufnehmen und großzügig auf den Ballon streichen, so daß die ganze Oberfläche bedeckt ist.*

3 *Für die Ohren zwei Papierkreise von 6 cm Durchmesser ausschneiden. Jeden Kreis bis zur Mitte einschneiden, kegelförmig zusammenfalten und gut verkleben. Boden ringsum nachschneiden, Kegel mit Seidenpapier füllen und an den Körper kleben.*

ren und zuerst die großen Flächen ausmalen. Einzelheiten wie Gesichtszüge, Kragen, Schmuck und Knöpfe bleiben vorerst ausgespart.

Sobald die Farbe trocken ist, mit einem feineren Pinsel die Einzelheiten in Gesicht und Kleidung zeichnen. Die zarten Linien, beispielsweise Barthaare und Zeitungslettern, werden mit dem Filzstift gezogen. Für das Fell sparsam dickflüssige Farbe auf eine trockene Zahnbürste oder ein angefeuchtetes Schwämmchen auftragen. Nun Striche in verschiedenen Schattierungen über die Grundfarbe zeichnen.

Die Farbe gut durchtrocknen lassen und zum Schluß eine oder zwei schützende Schichten glänzenden oder halbmatten Klarlack auftragen.

4 *Sobald das Papiermaché hart ist, Grundierfarbe auftragen. Trocknen lassen, dann leicht mit Schmirgelpapier bearbeiten, um Unebenheiten zu glätten. Den Vorgang mit weiteren Grundierfarbschichten wiederholen und die Oberfläche ein letztes Mal abschmirgeln, um sie für das Bemalen vorzubereiten.*

Links: Vergessen Sie nicht, die Rückseite der Katzen zu bemalen; die Schwänze sollten, wie abgebildet, über der Kleidung liegen.

Pussy-Parade

Diese zauberhafte Katzen-Borte ist ein Blickfang in jedem Kinderzimmer. Schablonieren Sie in Bilderrahmenhöhe oder über der Bodenleiste. Eine Wiederholung des Motivs auf Möbeln ist eine perfekte Ergänzung.

Statt Zartrosa und Grau können Sie auch kräftigere Farben verwenden, die in Küche und Eßzimmer besonders gut wirken.

Mit Schablonen läßt sich das gleiche Motiv in endloser Zahl schnell und leicht reproduzieren. Die Farbe wird innerhalb von Formen aufgetragen, die man aus Pappe oder Schablonenpapier ausschneidet und mit Kreppband an der Wand oder dem Möbelstück fixiert.

Bevor Sie mit dem Schablonieren der Wand beginnen, sollten Sie sich vergewissern, daß der Untergrund sauber und fettfrei ist. Ein weißer, matter Wandanstrich ist ein idealer Hintergrund für die Schablonen-Borte. Aber auch eine leicht gebrochene Farbe, die verblaßt oder verwischt wirkt, kann sehr reizvoll sein.

Schnell trocknende Schablonenfarben, die es in Bastelläden gibt, machen das Schablonieren zu einer schnellen, sauberen und einfachen Technik. Es gibt jedoch auch andere geeignete Materialien wie

Material:
Schnell trocknende Schablonenfarben
Schablonenpinsel
Schablonenpapier
Kreppband
Feiner schwarzer, wasserfester Filzstift
Bastelmesser
Schneidbrett oder dicker Pappkarton
Papierreste
Weiße Pappe
Bleistift und Radiergummi
Langes Lineal
Küchenpapier

Das ist Ihr Schablonenmotiv in Originalgröße. Durchbrochene und durchgezogene Linien übertragen; sie dienen beim Neuanlegen der Schablone als Orientierungshilfe.

1 *Schablonenpapier auf das auf S. 12 abgebildete Muster legen. Das Papier sollte rundum 10 cm größer als das Motiv sein. Mit Kreppband fixieren und alle durchgezogenen und gestrichelten Linien mit einem wasserfesten Filzstift durchzeichnen.*

2 *Schablonenpapier auf eine Unterlage mit glatter Oberfläche oder ein Schneidbrett legen und das Motiv entlang der durchgezogenen Linie sorgfältig mit einem Bastelmesser ausschneiden. Bei Verwendung von zwei oder mehr Farben für die Borte zwei Schablonen anfertigen und in jeder nur die farblich entsprechenden Motive ausschneiden.*

3 *Ober- und Unterkante der Schablone rings um die Wand markieren und auf parallelen Verlauf zu Bodenleiste, Bilder- oder Türrahmen achten. Mit Kreppband fixieren, wobei die gestrichelte Linie genau über der Bleistiftlinie liegen sollte.*

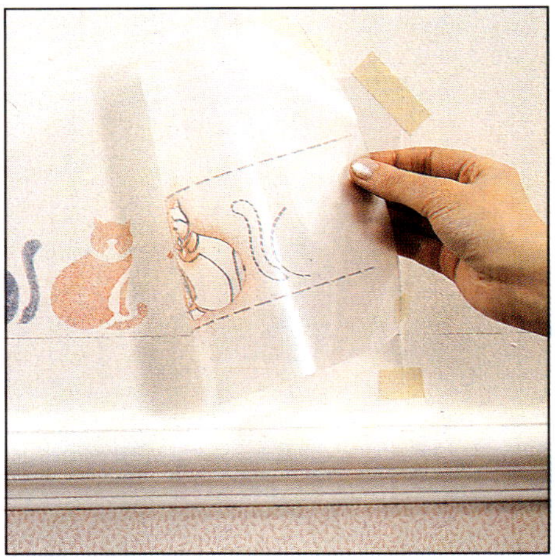

4 *Schablonenfarbe im Napf anrühren. Pinsel eintauchen und leicht auf trokkenem Küchenkrepp abtupfen. Auf einem Stück Papier testen, und wenn die Farbe nicht mehr klumpig wirkt, Schablone mit einer leichten Kreisbewegung zunächst im Uhrzeigersinn, dann gegen den Uhrzeigersinn ausmalen.*

5 *Schablone gelegentlich von der Wand abheben, um das Ergebnis zu prüfen. Wenn Sie zufrieden sind, die Schablone vorsichtig entfernen und im nächsten auszumalenden Bereich befestigen. Die gestrichelten Linien schließen sich an die des fertigen Schablonenmotivs an, so daß die Borte gerade verläuft.*

6 *Für eine mehrfarbige Borte können Sie auch nur eine Schablone verwenden und die nicht auszumalenden Bereiche mit Klebeband abdecken. Immer zuerst die Arbeit mit einer Farbe beenden, bevor Sie mit der nächsten Farbe beginnen. Die erste Farbe trocknen lassen, damit keine Schmierflecken entstehen.*

Schablonenstifte oder Sprüh- und Emulsionsfarben, die mit einem Naturschwämmchen aufgetragen werden. Mit speziellen Stoffarben, die im Handel erhältlich sind, können Sie außerdem Vorhänge, Kissen und Kleidungsstücke mit Schablonenzeichnungen versehen.

Zuerst üben

Wenn Sie Ihre Schablone entsprechend Schritt 1 und 2 auf der gegenüberliegenden Seite angefertigt haben, sollten Sie die Technik eine Weile üben, bevor Sie sich an die Wand wagen. Experimentieren Sie mit verschiedenen Farben und der Anordnung der Motive. Benutzen Sie für Ihre Versuche weiße Pappe und notieren Sie neben jeder Schablone Farbe und Technik, um künftig darauf zurückgreifen zu können. Tragen Sie die Farbe an der Basis und an einer Seite kräftiger auf, um dem Bild ein dreidimensionales Aussehen zu geben. Mit einer helleren Farbnuance können Sie Lichtreflexe setzen. Oder tragen Sie doch eine zweite Farbschicht über der ersten auf, sobald diese trocken ist.

Die Position der Schablone an der Wand ist sehr wichtig. Messen Sie die Wand zuerst aus und markieren Sie die Linien mit Bleistift. Achten Sie darauf, daß die Borte rund um ein Fenster oder am Treppengeländer entlang gerade verläuft. Die Striche lassen sich nachher leicht mit dem Radiergummi entfernen. Wenn Sie die Borte ausmalen, sollten die Motive ohne Unterbrechung um die Ecken herum verlaufen.

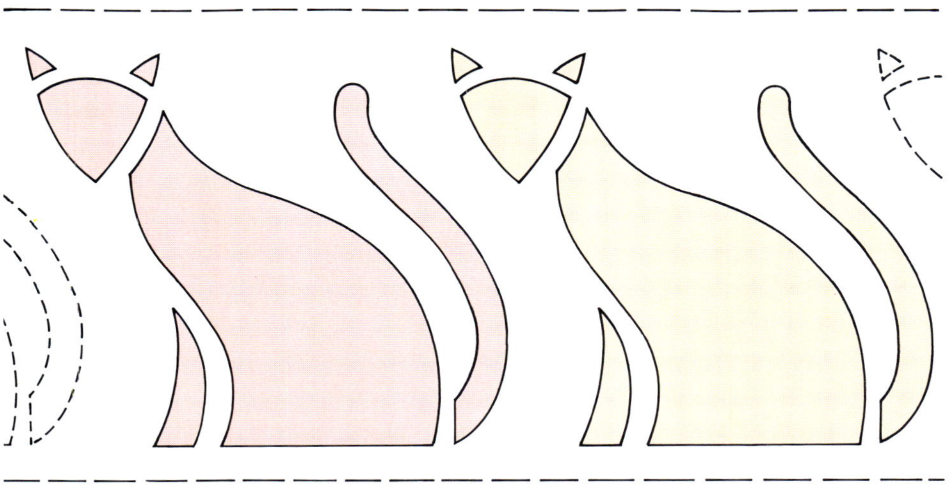

Eine Borte mit diesen Perserkatzen, hier in Originalgröße, wirkt elegant und paßt gut ins Eß- oder Wohnzimmer.

Das Perserkatzen-Motiv kommt besonders gut zur Geltung, wenn man die Katzen abwechselnd in zwei Farbtönen schabloniert oder das Motiv wellenförmig für eine breitere Borte in Bilderrahmenhöhe anordnet. Dafür eine neue Schablone anfertigen, die Katzen wie unten abgebildet positionieren, oben und unten Hilfslinien zur Orientierung ziehen.

Zimmer mit Aussicht

Wagen Sie sich nur an dieses originelle Rollo mit der Katze auf dem Fenstersims heran; es ist viel einfacher nachzuarbeiten, als Sie denken! Mit einem fertigen Rollo und leicht zu erlernenden Techniken wie Schwamm- und Kartoffeldruck kann selbst ein Anfänger phantastische Ergebnisse erzielen.

Material:
Cremefarbenes Rollo in der Größe Ihres Fensters
Acrylfarben in verschiedenen Tönen
Acryl-Farbverdünner
Pinsel (für Öl- und Wasserfarben)
Kleine Naturschwämme
Kreppband
Großes Blatt Papier zum Übertragen des Musters
Kartoffeln
Bleistift
Kleines Küchenmesser
Schwarzer, wasserfester Filzstift
Langes Lineal

Wählen Sie ein nach Möglichkeit Wasser aufsaugendes Rollo aus glattem oder leinenartigem Gewebe, auf dem sich hervorragend malen läßt. Übertragen Sie die Zeichnung von S. 19 auf ein Blatt Papier (z. B. Tapete) in der Größe Ihres Rollos. Jedes Quadrat entspricht 10 cm der Originalgröße. Zeichnen Sie das Motiv mit schwarzem, wasserfestem Filzstift auf, so daß es durch das Gewebe schimmert.

Folgen Sie nun Schritt 1 auf S. 18. Nicht alle Linien der Blätter übertragen, denn vielleicht möchten Sie während des Drukkens die Konturen verändern. Lassen Sie das Papiermuster unter dem Rollo liegen, so daß Sie sich während des Malens daran orientieren können.

Folgen Sie nun Schritt 2 und 3, dann die großflächigen Bereiche wie Himmel und Garten im Hintergrund abkleben, wobei Sie das Kreppband an den gerundeten Linien leicht einhalten. Zum Verdünnen sollten Sie die Farben nicht mit Wasser, sondern mit Acryl-Farbverdünner mischen, da sich das Rollo-Gewebe bei zu wäßriger Farbe verzieht und zudem knittert, wenn es trocknet. Benutzen Sie einen Schwamm oder dicken Ölfarben-Pinsel für die großen Bereiche, auf die Sie die Farbe sparsam auftragen. Für die Hecken und Büsche tupfen Sie die dunklere grüne Farbe mit einem feuchten Schwämmchen auf.

Folgen Sie nun Schritt 4, 5 und 6. Zum Schluß die Katze rundum abkleben und mit gelblich-brauner Farbe ausmalen. Die dicken Streifen im Fell zart vorzeichnen und mit haselnußbrauner Farbe und einem feuchten Schwämmchen ausfüllen. Einige dunklere Streifen darübermalen. Nun zur Fertigstellung das Kreppband entfernen und mit einem spitzen Bleistift die feinen Schnurrbarthaare einzeichnen.

Unterschiedliche Techniken ergeben interessante Strukturen und Effekte. Die zarten Barthaare, mit Bleistift gezeichnet, geben dem Kunstwerk den letzten Schliff.

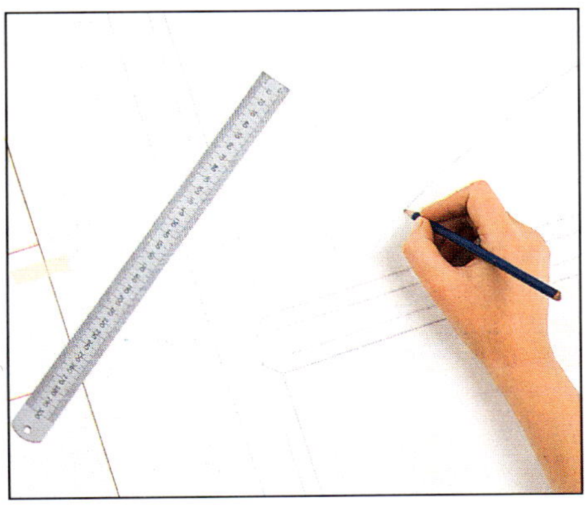

1 *Rollo über Ihr Muster legen und mit Kreppband fixieren. Hauptlinien, wie Fensterrahmen, Garten und Katze, zart mit Bleistift vorzeichnen.*

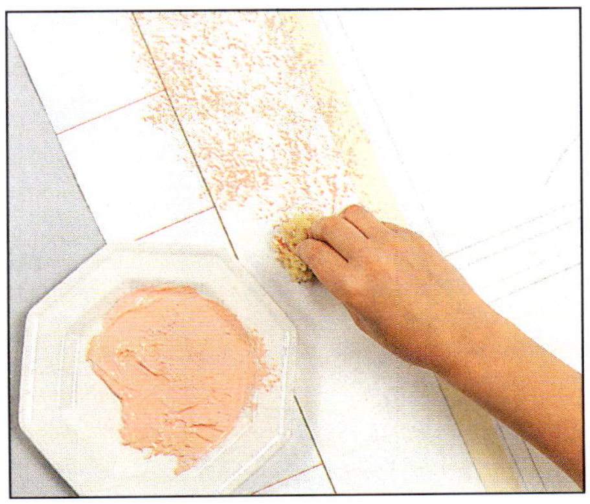

2 *Kreppband entfernen, dann Außenkante des Fensterrahmens abkleben. Nachbarbereiche mit feuchtem, in Farbe getauchten Schwämmchen betupfen.*

3 *Wenn die Farbe trocken ist, Fensterrahmen ringsum abkleben. Farben mit Verdünner zu warmem Braunton mischen. Für den Fensterrahmen die Farbe mit einem trockenen Ölpinsel strichweise auftragen, so daß eine Holzmaserung entsteht. Weitere Flächen abkleben; Himmel, Hügel und See ausmalen.*

4 *Für den Druck der Blätter Kartoffel halbieren und Oberfläche trocknen. Mit einer Pappschablone eines der unten abgebildeten Blätter auf die Schnittfläche der Kartoffel zeichnen. Kartoffel entlang dieser Linie einschneiden und überschüssige Ränder entfernen, so daß ein glatter Stempel in Blattform übrigbleibt.*

5 *Gemalten Fensterrahmen mit mehreren Kreppbandstreifen abkleben. Zartgrüne Farbe mischen, ein wenig davon auf den Stempel auftragen und auf das Rollo drücken. Weitere, überlappende Blätter in verschiedenen Grünschattierungen drucken. Dann mit einem feinen Pinsel die Blattstiele zeichnen.*

6 *Mehrere Stempel von Blüten und Blättern für die Geranie anfertigen. Knospen und Stiele mit dem Pinsel zeichnen. Wenn die Farbe trocken ist, den Topf abkleben und mit dickerem Pinsel in einer Terracotta-Schattierung ausmalen. Zum Schluß die Katze abkleben, ausmalen und den Schnurrbart zeichnen.*

Verwenden Sie diese Motive in Originalgröße für die Kartoffelstempel, mit denen Sie Blätter und Blumen auf das Rollo drucken. Sie werden direkt von diesem Blatt kopiert und dann auf Pappschablonen übertragen.

1 Quadrat entspricht 10 cm

Verrücktes Katzen-Karussell

Dieses bezaubernde Mobile wird Katzenliebhaber jeden Alters entzücken! Es ist so leicht nachzuarbeiten, daß es auch Kindern gelingt, obwohl sie vielleicht etwas Hilfe beim Ausschneiden und Backen brauchen.

Wir haben farbige Fimo-Modelliermasse für dieses originelle Mobile verwendet. Sie ist in Bastelläden erhältlich, sauber und leicht zu kneten. Zum Härten wird die Modelliermasse einfach im Ofen gebacken. Da es im Handel eine breite Palette von Farben gibt, können Sie die Katzen nach Belieben in ihren natürlichen Schattierungen, wie abgebildet, oder in kräftigen Rot-, Blau- oder Gelbtönen gestalten. Das Motiv eignet sich auch hervorragend für eine Brosche: Kleben Sie lediglich eine Anstecknadel auf die Rückseite, nachdem die Katze mit Klarlack behandelt worden ist.

Wählen Sie die Farben und folgen Sie Schritt 1, 2 und 3, um 12 Katzen zu basteln. Bohren Sie entsprechend der Schablone ein Loch in jedes Motiv, durch das später die Schnur gezogen wird. Das Loch befindet sich knapp neben der Mitte, damit die Katze gerade hängt.

Legen Sie die Katzenmotive auf ein sauberes Blatt Backtrennpapier und backen Sie sie rund 20 Minuten im vorgeheizten Ofen bei 130°C (Gas Stufe 1/2). Anschließend auf einer glatten Unterlage abkühlen lassen.

Dann die gehärteten Katzen beidseitig mit Klarlack überziehen und trocknen lassen. Der Lack bringt die Farben zum

Material:
Fimo-Modelliermasse in verschiedenen Farben
Fimo-Klarlack
Dünne Schnur
Lampenschirm-Ring, 20 cm Ø
Bastelmesser
Nudelholz
Butterbrotpapier, Backtrennpapier
Modellierstäbchen
Schmales Geschenkband
Backblech
Schere
Kleber
Wasserfarbenpinsel
Dünne Pappe

1 *Für die gescheckten Katzen mehrere Farbstränge verkneten. Von jeder Farbe ein kleines Stück abbrechen und zu einer langen Wurst rollen. Die Stränge umeinanderschlingen und zur Kugel formen. Fimo solange rollen und kneten, bis eine schöne Marmorierung entsteht.*

2 *Fimo weichkneten, dann mit dem Nudelholz rund 3 mm dick ausrollen. Butterbrotpapier darunterlegen, damit nichts am Nudelholz oder an der Arbeitsfläche kleben bleibt. Schablone auf das Fimo legen und die Konturen mit einem Bastelmesser ausschneiden. Überschüssiges Material entfernen und Schablone vorsichtig abheben.*

3 *Drei kleine schwarze Fimo-Kügelchen für Augen und Nase ausrollen. Ein weiteres Stück zu einer langen Wurst rollen und an den Enden rund 1,5 cm abschneiden. Augen auflegen und mit dem Modellierstäbchen flachdrücken. Die Fimo-Enden zu Mund und angefügter Nase formen. Flachdrücken und auf der gegenüberliegenden Seite wiederholen.*

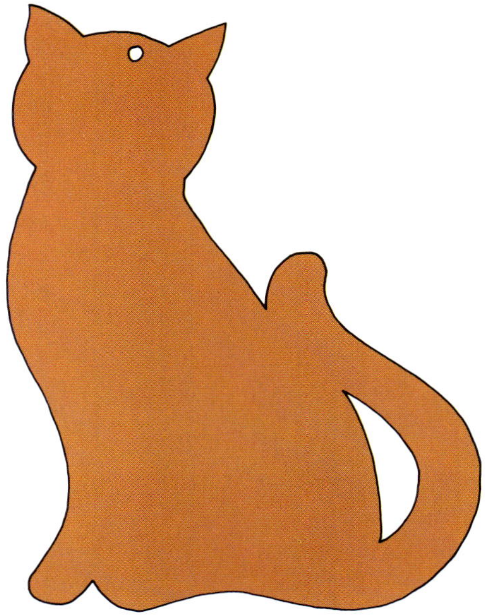

Das Motiv entspricht der Originalgröße des Mobiles. Direkt von dieser Seite auf Transparentpapier, anschließend auf ein Stück dünne Pappe übertragen. Diese Schablone ausschneiden.

Leuchten und stellt eine Schutzschicht dar. Sie können nach Belieben Glanz- oder Mattlack benutzen.

Fertigstellung

Ein Stück Schnur durch das Loch ziehen. Am Ende einen Knoten machen und ein wenig Kleber daraufgeben, um den Knoten im Loch zu fixieren. Befestigen Sie die Katzen in verschiedenen Höhen hübsch arrangiert am Lampenschirmring. Achten Sie auf eine gleichmäßige Verteilung, so daß der Ring waagerecht hängt.

Um die Knoten zu verbergen, wird das Geschenkband überlappend rund um den Ring gewickelt und das Ende mit Kleber fixiert. Ein Stück Schnur am Ring befestigen, um das Mobile aufzuhängen, und die Position der Knoten so korrigieren, daß das Mobile waagerecht hängt.

Einladung zum Katerfrühstück

Dieser kuschelige, gesteppte Katzenvorleger aus edlem Baumwollsamt lädt jeden ein, sich an einem Winterabend vor den Kamin zu setzen. Die satten Herbstfarben erhöhen den warmen Effekt. Sie können jedoch auch zartere, zur Inneneinrichtung passende Pastelltöne wählen.

Für diesen wunderbar weichen Vorleger werden Stepp- und Appliziertechnik kombiniert. Wir haben die Farben Rostbraun, Kastanienbraun und Kamelhaar gewählt, die dem Fell einer gelbbraun gescheckten Katze ähneln. Der Vorleger besteht aus strapazierfähigem Baumwoll-Polstersamt, der sich chemisch reinigen läßt.

Samt muß sorgfältig verarbeitet werden. Da er nach dem Zuschneiden leicht ausfranst, sollten Sie ihn so wenig wie möglich in die Hand nehmen. Das Gewebe rutscht; daher ist es besser, es mit Handstichen zu heften, statt sich auf Stecknadeln zu verlassen. Das Material sollte nicht wie gewohnt gedämpft werden, da Spuren auf dem Flor zurückbleiben. Sie können ein spezielles Samtbügelbrett kaufen – allerdings muß dieses Modell nicht unbedingt gebügelt werden.

Anfertigung des Schnittmusters

Schnittmuster in Originalgröße gemäß Abbildung S. 25 zeichnen. Dann Einzelheiten auf Schnittmusterpapier übertragen. Beim Zuschneiden des Stoffs Schritt 1 auf S. 24 folgen, dabei die einzelnen Teile numerieren, um sie später richtig auflegen zu können. Papiermuster mit Stecknadeln auf dem Stoff angeheftet lassen, bis Sie mit Schritt 2 beginnen.

Schritt 2 und 3 folgen, dann den Satinstich auf einigen Samt- und Wattiermaterialresten ausprobieren.

Für den Satin-Stich die Maschine auf einen sehr engen Zickzackstich von mittlerer Breite einstellen. Die Stiche sollten so dicht wie möglich nebeneinanderliegen, um ein Ausfransen zu verhindern und die Stoffkanten ordentlich zu versäubern. Beim Nähen durch Korrektur des Nähfüßchen-Drucks dafür sorgen, daß der Stoff glatt durchläuft. Der Druck ist von Dicke und Anzahl der Stoff- und Wattierschichten abhängig.

Die applizierten Teile aufnähen (Schritt 4) und das Wattiermaterial hinzufügen. Nach dem letzten Satinstich die Fadenenden auf die Stoffrückseite durchziehen, miteinander verknoten und abschneiden. Dadurch sieht die Rückseite ordentlich aus und Sie verhindern, daß die Naht aufgeht.

Das Wattiermaterial verstärkt den Steppeffekt. Die applizierte Katze mit der rechten Seite nach oben auf den Wattierstoff legen. Schichten zusammenstecken und heften, damit sie nicht verrutschen. Dann die unversäumte Samtkante mit Zickzackstichen rundum absteppen, um das Wattiermaterial zu versäumen und zu sichern. Kanten des Wattierstoffs zurückschneiden und darauf achten, daß Sie dabei nicht die Zickzacknaht auftrennen.

Steppnähte gemäß Schritt 5 für Pfoten, Schnurrbart, Schwanz und Gesichtszüge arbeiten; dabei von der Mitte auswärts zu den Kanten steppen, damit das Gewebe nicht beult. Nähte wie beschrieben beenden, indem Sie die Fadenenden auf der Stoffrückseite fest miteinander verknoten.

Material:
- Baumwoll-Polstersamt:
  - 70 cm × 122 cm in Rostbraun (Hauptfarbe)
  - 30 cm × 122 cm in Kamelhaar
  - 30 cm × 122 cm in Hellbraun
- Samtrest in Dunkelbraun für Augen und Nase
- Chintzrest in Orange für die Augen
- Wattiermaterial, 70 cm × 122 cm, mittelschwer
- Baumwoll-Futterstoff, 70 cm × 122 cm
- Baumwollnähseide in Dunkelbraun, Hellbraun, Orange und Rostbraun
- Schere
- Stecknadeln
- Dünnes Schnittmusterpapier
- Schwarzer Filzstift

Ausarbeitung

Das Katzenmotiv aus Baumwollfutterstoff zuschneiden und auf die Rückseite des Vorlegers wie in Schritt 6 beschrieben aufnähen. Die Nahtzugabe von Futter und Wattiermaterial rundum auf 1 cm zurückschneiden, mit Ausnahme der Öffnung. Eine Reihe V-förmige Einschnitte in die verbleibende Nahtzugabe schneiden, damit die Naht flachliegt, wenn Sie den Vorleger verstürzen. Achten Sie darauf, daß dabei nicht die Naht aufgetrennt wird.

Vorleger auf die rechte Seite wenden und Stoff glätten. Nahtzugabe an der Öffnung zusammenfalten und mit Stecknadeln fixieren. Zum Schluß die Öffnung mit Handstichen schließen.

1 Schnittmusterteile auf den farblich entsprechenden Stoff stecken. Die Katzenumrisse mit 2 cm Nahtzugabe aus dem Hauptstoff zuschneiden. Alle anderen Teile an den Außenlinien entlang ausschneiden, da diese für die Applikationen verwendet werden. Hier ist sorgfältiges Arbeiten besonders wichtig.

2 Nadeln entfernen und alle Stoffteile mit der Schauseite nach oben auf den Katzenkörper legen. Position anhand des Schnittmusters prüfen. (Pupillen und Nase werden später angebracht.) Sämtliche Teile ringsum nahe der unversäuberten Kante anheften, damit sie beim Nähen nicht verrutschen können.

3 Nase und Pupillen auf Wattiermaterial stecken und heften. Die beiden Stofflagen ringsum an den Kanten mit Zickzackstichen zusammennähen. Nahtzugaben des Wattierstoffs zurückschneiden; achten Sie darauf, dabei nicht die Naht aufzutrennen. Heften Sie diese Teile auf den Katzenkörper.

4 Mit sehr engem Zickzackstich sorgfältig an den unversäuberten Kanten der applizierten Teile entlangnähen, dabei unbedingt darauf achten, daß Sie das Nähgarn passend zu Augen, Nase und Tatzen wechseln. Katze nun aus Wattierstoff zuschneiden und auf die Rückseite der Samtkatze steppen.

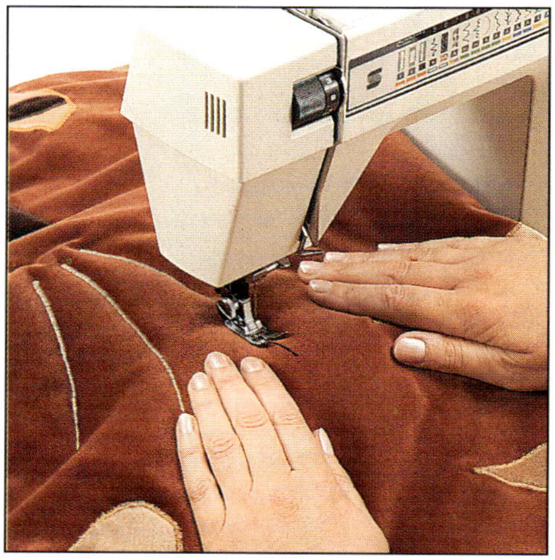

5 Die Linien für Gesicht, Tatzen und Schwanz wie im Schnittmuster angegeben einzeichnen, oder diese durch das Papiermuster heften. Linien ganz vorsichtig mit Filzstift auf dem Samt markieren, anschließend sorgfältig mit Satinstich nachnähen und die Schnurrbartenden spitz auslaufen lassen.

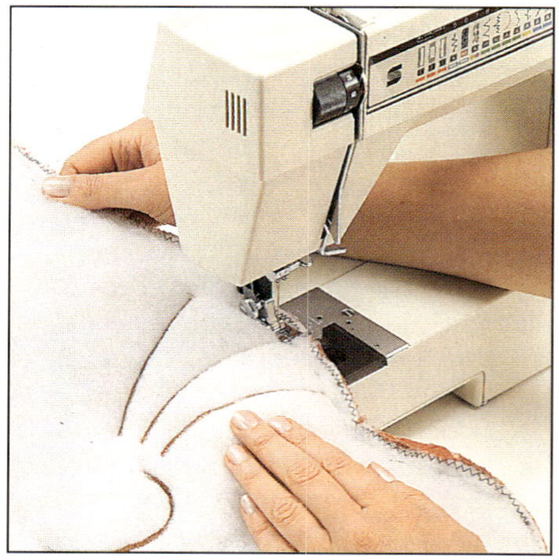

6 Nach dem Papierschnittmuster die Katze aus Futterstoff mit einer Zugabe von 2 cm zuschneiden. Dieses Teil rechts auf rechts auf den Samt legen. Kanten ringsum zusammenheften. 2 cm von der Kante entfernt zusammennähen und dabei eine rund 30 cm lange Öffnung zum Verstürzen lassen.

Links: Falls die Herbsttöne nicht zu den Farben Ihres Raumes passen, wie wäre es dann statt des braungelben Katers mit dieser grau-gescheckten Katze? Sie wird nach derselben Anleitung lediglich in anderen Farben gefertigt und ist genauso leicht nachzuarbeiten.

Unten: Hier das verkleinerte Schnittmuster für den Katzenvorleger. Übertragen Sie die Konturen Kästchen für Kästchen auf ein Raster in Originalgröße, wie in der Einführung auf S. 7 beschrieben. Jedes Quadrat entspricht 10 cm der Originalgröße.

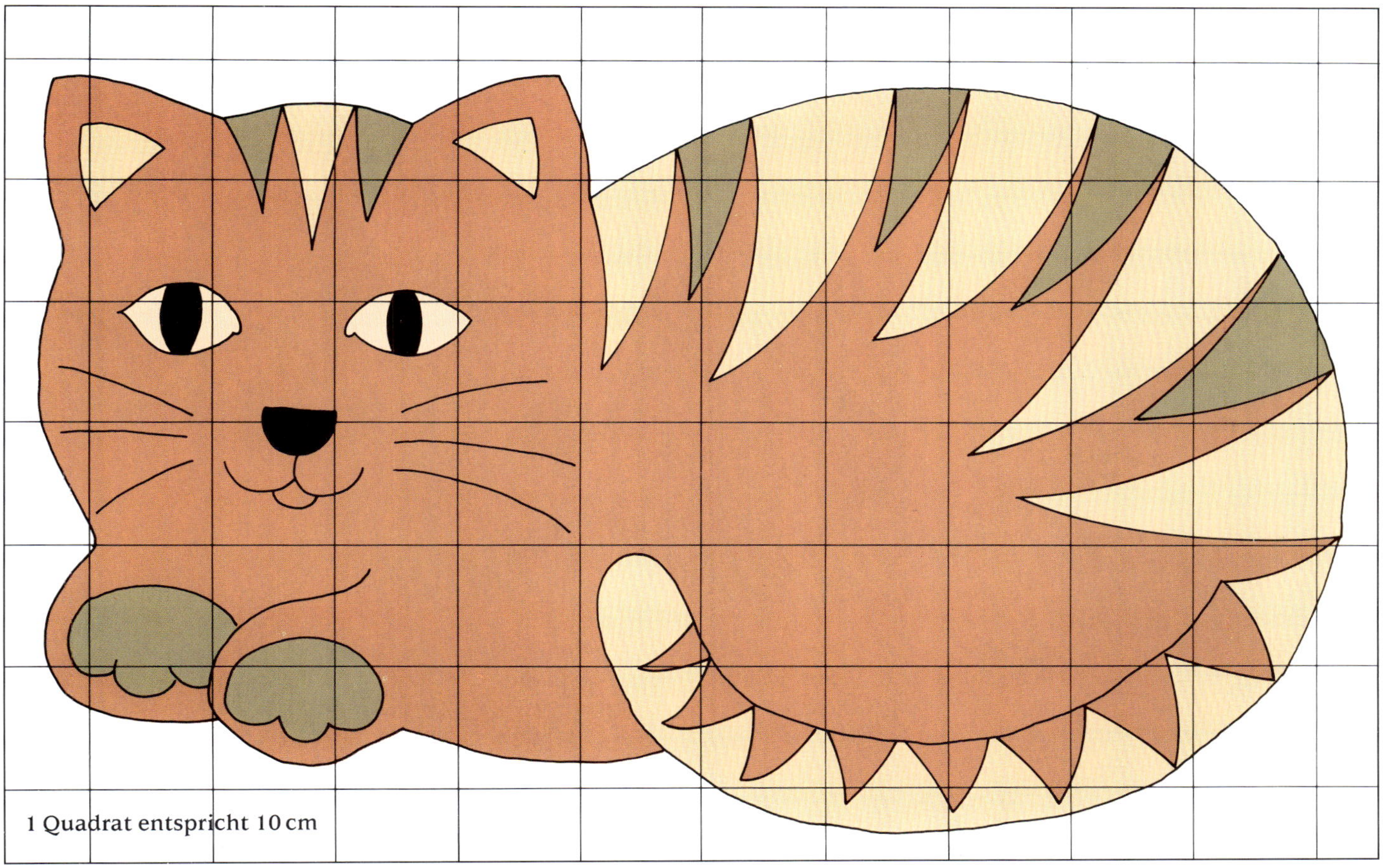

Aristocat-Kissen

Mit diesem edlen schwarz-weißen Katzenkissen aus Chintz liegen Sie im Trend! Es paßt zu fast allen modernen Möbeln, und die einfache Applikations-Technik läßt sich nach Belieben mit der Maschine oder von Hand nacharbeiten.

Kopieren Sie zuerst das Schnittmuster von S. 29, das Sie vergrößern, wie in der Einleitung auf S. 7 beschrieben. Jedes Quadrat in Ihrem Raster entspricht 5 cm der Originalgröße.

Mit Transparentpapier und Chintz Schritt 1 und 2 folgen; Katzenkopf und -körper werden getrennt gearbeitet. Teile gemäß Schritt 3 mit Wattiermaterial zusammensteppen. Damit erhält die Kissenhülle eine ansprechende Auspolsterung.

Nähen mit der Maschine

Sie sollten nun entscheiden, ob Sie die Applizierstiche mit der Nähmaschine oder von Hand ausführen. Mit der Maschine geht es schneller, aber man muß einen Zickzackstich einstellen können, der sehr eng und von mittlerer Breite ist. Probieren Sie den Stich zuerst auf einem Probeläppchen aus, bis Sie den gewünschten Effekt erzielen. Sie können die Stichlänge variieren, so daß der Stich wie eine Kordel aussieht, oder ihn offener gestalten, so daß die einzelnen Stiche sichtbar sind.

Besonders gelungen ist das Ergebnis, wenn Sie mit Ober- und Unterfaden in der gleichen Farbe arbeiten; wechseln Sie also beide aus, wenn sich die Farbe Ihres Stoffs ändert.

Folgen Sie Schritt 4 und steppen Sie zunächst alle Innenlinien; nähen Sie dann die Außenkanten, so daß die vorherige Satinstich-Reihe mitgefaßt wird und ein sauberer Abschluß entsteht. Damit die Nähte nicht aufgehen, die Fäden auf die Rückseite des Stoffs durchziehen, fest miteinander verknoten und herunterhängende Enden abschneiden.

Nähen von Hand

Wenn Sie lieber von Hand nähen, sollten Sie statt Nähgarn mehrfädigen Baumwollsticktwist in den entsprechenden Farben verwenden. Versäubern Sie die Kanten jedes Teils ringsum mit Knopflochstich, so daß sie nicht ausfransen. Einzelheiten wie Augen und Barthaare werden im Satinstich gefertigt, den Sie an Ende spitz auslaufen lassen. Beide Sticharten werden auf S. 43 detailliert beschrieben.

Material:
Weißer Chintz, 40 cm
Schwarzer Chintz, 30 cm
Schwarz-weiß-gestreifter Chintz, 20 cm
Rundes Kissenpolster, 35 cm Ø
Wattierstoff, 20 cm
Haftvlies
Baumwollnähgarn in Grün, Grau, Schwarz und Weiß
Dicke Kordel, 120 cm
Dünnes Schnittmusterpapier
Stecknadeln
Schere
Reißverschluß-Nähmaschinenfüßchen (für die Fertigung der Paspel)

1 *Teile einzeln auf Schnittmusterpapier übertragen. Kopf, Körper und Nase auf den schwarzen, Augen, Schwanz, Gesichtsstreifen und Ohren auf den weißen Chintz stecken. Sorgfältig ausschneiden. Außerdem zwei Kreise von 36 cm Durchmesser für Kissenvorderteil und -rückenteil aus weißem Chintz zuschneiden.*

2 *Haftvlies auf die Rückseite von Augen, Ohren, Gesichtsstreifen, Nase und Schwanz bügeln. Überschüssiges Vlies entlang den Stoffkanten abschneiden. Papier abziehen und Teile gemäß Schnittmuster auf Kopf und Körper kleben. Gut anbügeln, damit die Materialien auch auf Dauer haften.*

Die Kissenhülle arbeiten

Wenn die Applikationen fertig sind, erhält Ihre Katze die Form einer Kissenhülle. Arbeiten Sie gemäß Schritt 5 und 6 eine dekorative Paspel, die auf die Kanten der Kissen-Vorderseite aufgenäht wird.

Legen Sie das Kissen mit dem Vorderteil nach unten, wobei die rechten Seiten aufeinanderliegen und die unversäuberten Kanten bündig sind. Kanten zusammenstecken und heften. Mit dem Reißverschlußfüßchen dicht neben der Kordel steppen; dabei eine rund 25 cm lange Öffnung lassen, um das Kissenpolster einzuführen.

Die unversäuberten Kanten der Nahtzugabe zurückschneiden und die Hülle verstürzen. Wenn nötig bügeln, dann das Kissenpolster einziehen und die Öffnung von Hand zunähen, oder einen Reißverschluß einsetzen, so daß die Hülle zum Reinigen entfernt werden kann.

3 *Kopf und Körper auf Wattierstoff heften. Kanten beider Teile rundum mit Zickzackstich steppen, damit sie nicht verrutschen und einen sauberen Abschluß bilden. Überschüssiges Wattiermaterial rings um jedes Teil sehr sorgfältig abschneiden; dabei aber nicht die Naht auftrennen.*

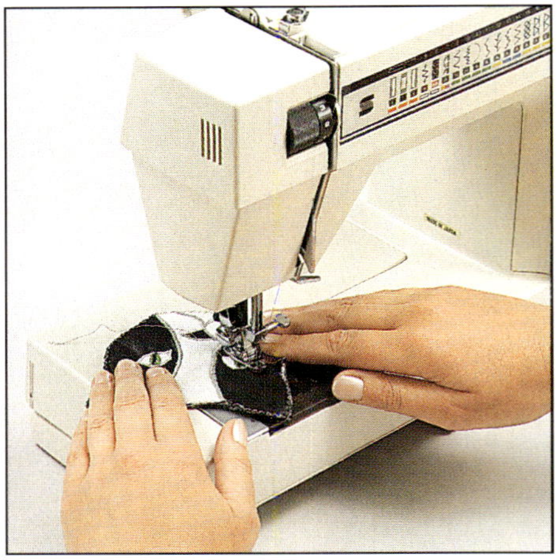

4 *Mit Satinstich zuerst die Augenmitte in Schwarz und Grün steppen. Nun mit blaßgrauem Faden alle anderen Konturen steppen. Körper auf die Kissenvorderseite heften und mit Satinstich festnähen; dabei auch der Schwanz- und Beinlinie folgen. Kopf mit Satinstich annähen und Barthaare steppen.*

Sie können das Kissen auch in sanfteren Farben nacharbeiten, z. B. den unten abgebildeten Siamkater in Braun und Weiß. Die hellblaue Hülle paßt gut zur Augenfarbe der Katze.

5 *Chintz diagonal falten, um den Schrägfadenlauf zu finden. Am Falz entlang zwei 6 cm breite Streifen zuschneiden, rechts auf rechts zu einem 1,20 m langen Streifen zusammennähen. Rechte Seite nach außen um die Kordel wickeln, mit Stecknadeln befestigen, mit dem Reißverschlußfüßchen entlangsteppen.*

6 *Paspel rund um das Kissen auf die unversäuberten Kanten heften. Wo die Enden aufeinandertreffen, die Kordel im Stofftunnel abschneiden. Den Streifenstoff flachdrücken und die unversäuberten Enden übereinanderlegen. Weiterheften und mit der Maschine dicht neben der Kordel aufnähen.*

1 Quadrat entspricht 5 cm

Tiger-Geometrie

Die bezaubernde gelbgetigerte Katze, die mit Wolle auf Stramin gestickt wurde, schmückt einen strapazierfähigen neuen Bezug für Ihren Lieblingsstuhl. Messen Sie die Sitzfläche sorgfältig aus und berechnen Sie eine zusätzliche Stickfläche von 1 cm ringsum an den Außenkanten, die in den Stuhlrahmen eingepaßt werden, damit kein unbearbeiteter Stramin sichtbar wird.

STICKSTICHE

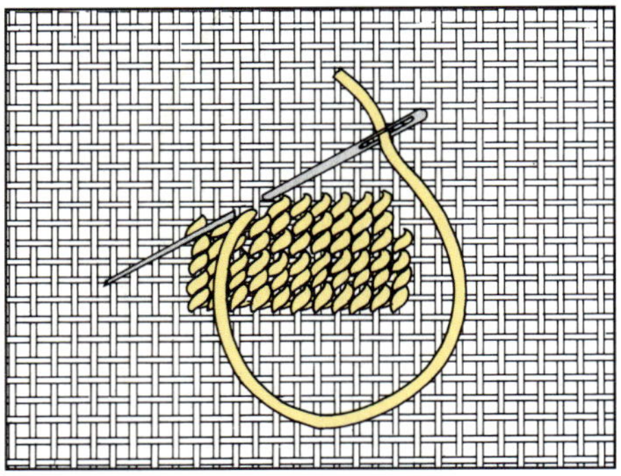

Zeltstich
Zeltstiche in waagerechten Reihen von rechts unten nach links oben arbeiten.

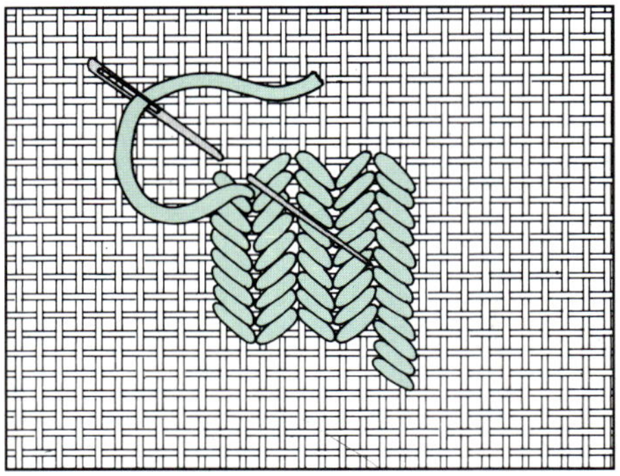

Schräger Satinstich
Jeder Stich umfaßt zwei senkrechte und zwei waagerechte Straminfäden. Um einen plastischen Effekt zu erzielen, öfter die Richtung wechseln.

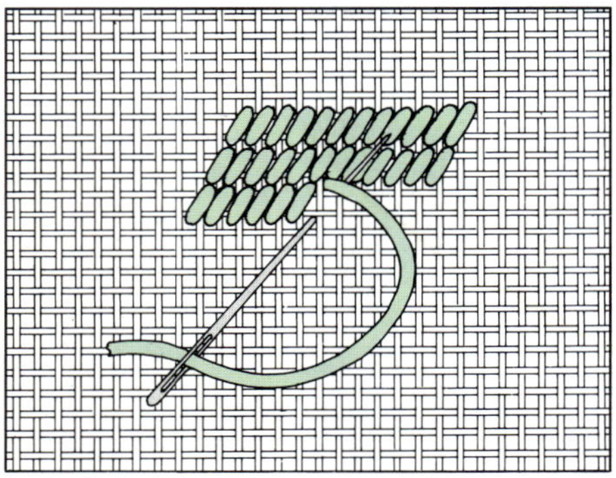

Gobelinstich
Diesen Stich über einen senkrechten und zwei waagerechte Straminfäden arbeiten. Die Ausrichtung der Reihen in jedem neuen Stickbereich verändern.

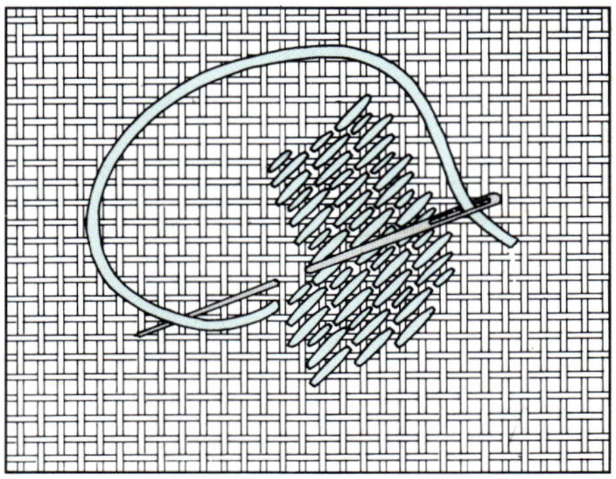

Kaschmirstich
Gruppenweise diagonale Stiche in stark schrägliegenden Reihen arbeiten; die Ausrichtung nach jedem Stickbereich wechseln.

Material:
Die Stramin- und Garnmenge richtet sich nach der Größe der Sitzfläche. Die fertige Stickerei für den abgebildeten Stuhl ist an der Vorderseite 54 cm, an der Rückseite 40 cm und an den Seiten 43 cm lang. Die Mengenangaben sind Richtlinien, um Ihren Bedarf auszurechnen.

Einfädiger Stramin, 75 cm × 75 cm
Wolle für Gobelin-Stickerei in folgenden Farben und Mengen: Blaugrau: 12 Stränge; Mittelgrau: 10 Stränge; Hellblau: 10 Stränge; Taubenblau: 6 Stränge; Türkis: 5 Stränge; Rosa: 4 Stränge; Lavendel: 5 Stränge; Rost: 3 Stränge; Orange: 3 Stränge; Dunkles Rost: 1 Strang; Dunkelorange: 1 Strang; Reste in Schwarz, Hellrosa, Creme und Grün
Stumpfe (Gobelin-)Sticknadel
Jute, 75 cm × 75 cm
Nähseide und Nähnadel
Rechteckiger Stickrahmen
Kleine Nägel und Hammer

Spannen Sie den Stramin in den rechteckigen Stickrahmen; achten Sie darauf, daß der Werkstoff quadratisch bleibt. Markieren Sie die Außenlinien der auszustickenden Fläche mit Heftstichen, zunächst die oberen und unteren, dann die schrägen Seitenlinien. Suchen und markieren Sie nun die Mitte des Stramin mit ein paar Stichen.

Sticken Sie zuerst die Katze im Zeltstich, von der markierten Mitte beginnend nach außen. Folgen Sie dem Stickmuster und denken Sie daran, daß jedes farbige Karo einen senkrechten und einen waagerechten Straminfaden darstellt.

1 *Alten Sitzbezug entfernen. Überschüssigen Stramin abschneiden, die Stickerei mit der Schauseite nach unten auf sauberer, glatter Fläche ausbreiten. Sitz auf den Stramin legen, die Kanten umschlagen und von der Mitte der oberen Kante ausgehend in kleinen Abständen mit Nägeln befestigen.*

2 *Untere Kante und Seiten genauso befestigen, Stramin dabei in Form ziehen und die Ecken aussparen. Stramin an den Ecken über den Rahmen ziehen und provisorisch mit einem eindrückten Nagel fixieren. Gefällt Ihnen das Aussehen der Ecke, die Nägel mit dem Hammer fest einschlagen.*

Oben: Wechseln Sie für den Hintergrund die vier Stickstiche ab. Die Farben wie im rechts abgebildeten Zählmuster anordnen.

Rechts: Beginnen Sie von der Mitte aus nach dem Zählmuster zu arbeiten. Den Hintergrund je nach Größe der Sitzfläche durch Wiederholen des Musters fortführen.

3 *Die beiden Dreiecke zum Nagel hin falten und Stramin mit den Fingern glätten. Oberen Teil der beiden Dreiecke entlang dem Falz abschneiden. Um die Ecke zu versäubern, verbleibende Seitenklappen auseinanderfalten und provisorisch mit einem Nagel befestigen. Falls nötig korrigieren und festhämmern.*

4 *Stramin bis auf 1 cm Entfernung von den Nägeln zurückschneiden. Jute mit Nägeln auf dem Rahmen befestigen, unversäuberte Kanten nach innen einschlagen und Ecken sorgsam falten. Fertige Sitzfläche mit der hinteren Kante zuerst in den Stuhlrahmen einpassen, mit einem in Tuch gewickelten Hammer festklopfen.*

Sticken Sie nun den Hintergrund in Grau, Blau, Türkis, Pink und Lavendel. Verwenden Sie alle vier auf S. 30 abgebildeten Stiche, die Sie nach Belieben, wie in der Großaufnahme oben, wiederholen. Führen Sie soviele Mustersätze aus, bis die Stickerei die erforderliche Größe hat. Arbeiten Sie zum Schluß mit Rückstichen Mund, Pfoten und Barthaare (siehe S. 36).

Den Stramin spannen

Den Stramin aus dem Rahmen nehmen und spannen, um die Stickerei zu glätten. Mit Leitungswasser besprühen und mit rostfreien Reißzwecken auf einem Brett mit Polyäthylen-Auflage befestigen. Die Stickerei dabei in Form ziehen, wieder einsprühen und bei Zimmertemperatur trocknen lassen. Die Sitzfläche gemäß Schritt 1 bis 4 fertigstellen.

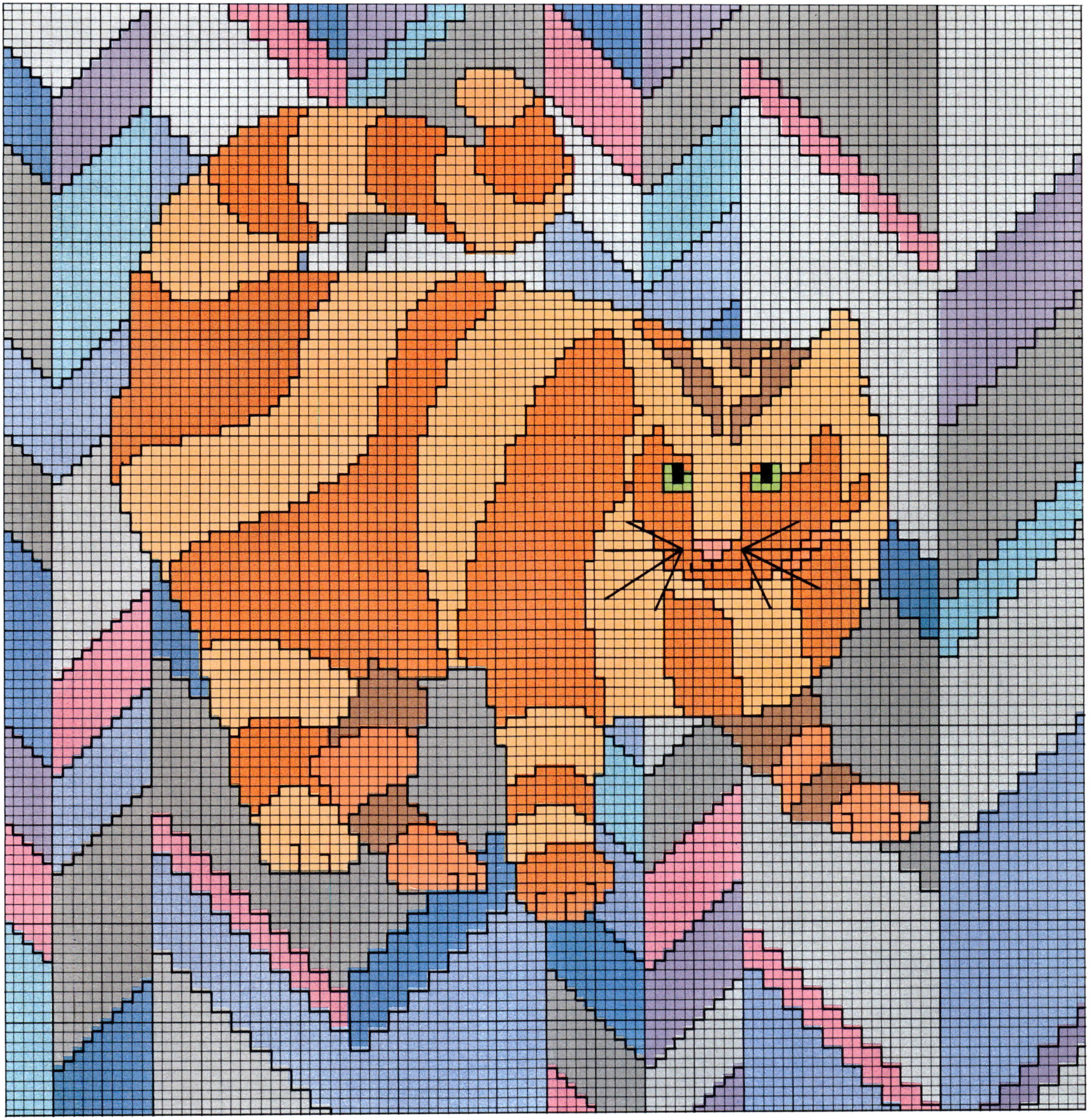

Betörendes Duftkissen

Reine Seide, zwanzig verschiedene Garnschattierungen und eine sommerfrische graue Katze machen den Zauber dieses kleinen Kissens aus, das zart nach Rosen duftet. Diese anspruchsvolle Stickerei bietet Ihnen die Gelegenheit, Ihr Geschick mit Nadel und Faden zu beweisen.

Übertragen Sie mit Schnittmusterpapier die Zeichnung von S. 37 auf das Seidenquadrat. Die Seide auf den Futterstoff heften und in den Stickrahmen einspannen.

Arbeiten Sie mit drei abgespaltenen Fäden in den angegebenen Farben. Für das Muster wurden sechs verschiedene Stiche verwendet, die umseitig beschrieben sind. Sticken Sie zuerst die großen Blumen und Blätter im Satinstich, dann die Stiele und Staubgefäße im Rückstich. Als nächstes werden die grauen Teile der Katze in langen und kurzen Plattstichen und zwei Grauschattierungen gefertigt. Die weißen Flächen werden mit Vorstich-Reihen gefüllt, die Barthaare mit Vorstich, die Augen und Nasenspitze im Satinstich, Mund und Außenlinien der Nase mit Rückstichen gestickt. Der Schmetterling besteht aus Satin- und geraden Füllstichen.

Sticken Sie nun die Mitte des Vordergrunds mit geraden Füllstichen aus. Der rechte Bereich des Vordergrunds besteht wie auf dem Foto aus Satinstichen, geraden Füllstichen, Rückstichen und Knötchenstichen. Die linke Seite wird in geraden Füllstichen und Satinstich-Blocks mit unterschiedlicher Schräge gefertigt.

Ist die Stickerei fertig, den Stickrahmen entfernen und die Seide leicht auf links dämpfen, ohne die Stiche platt zu pressen.

Material:
Cremefarbene Rohseide
30 cm × 30 cm; zusätzlich einen 5 cm × 100 cm langen Streifen und ein 21 cm × 21 cm großes Quadrat aus demselben Stoff
Kordel, mittelschwer, 1 m
Weißer Baumwoll-Futterstoff, 30 cm × 30 cm
1 Strang Baumwollstichtwist von jeder der folgenden Farben: Blaßgrün, Gelbgrün, Grasgrün, Blaugrün, Dunkelgrün, Flaschengrün, Limone, Gelb, Orange, Blaßblau, Mittelblau, Türkis, Blaßrosa, Pink, Fuchsie, dunkle Fuchsie, Mittelgrau, Dunkelgrau, Schwarz und Weiß
Dünne spitze Sticknadel
Großer Stickrahmen
Nähnadel und cremefarbenes Nähgarn
Schnittmusterpapier und Bleistift
Schneiderkopierpapier
Weißes Polyester-Füllmaterial für Spielzeug
Kleines Säckchen Rosenblätter-Duftpotpourri

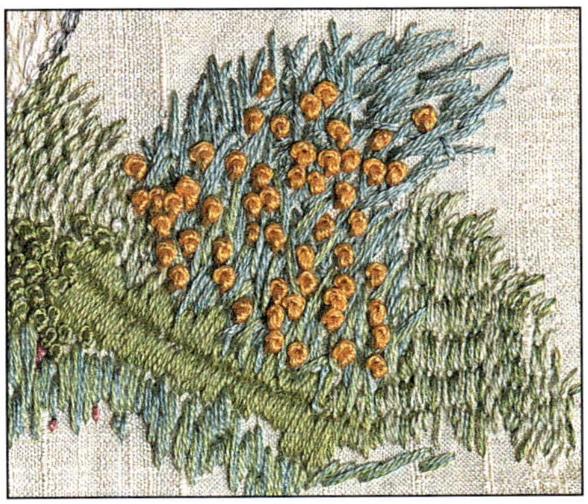

Sticken Sie das Laub, indem Sie abgespaltene Fäden verschiedener Grüntöne zu einem Faden zusammenfassen. Der Knötchenstich schafft interessante Strukturen.

Setzen Sie beim Sticken des Laubs die in blaßgrün gearbeiteten Flächen aus unregelmäßigen Füllstichen neben unterschiedliche eckige Flächen aus Satinstichen.

Fertigstellung

Das fertige Kissen mißt 19 cm im Quadrat. Rechnen Sie rundum eine Nahtzugabe von 1 cm ein; das Stoffquadrat hat also eine Kantenlänge von 21 cm.

Aus dem Seidenstreifen eine Paspel (siehe S. 28) anfertigen; diese rechts auf rechts rund um die Stickerei heften, die Ecken leicht einschneiden und aufsteppen. Hinteres und vorderes Kissenteil rechts auf rechts aufeinanderstecken, heften und dicht neben der Paspel zusammennähen; dabei an einer Seite eine Öffnung lassen. Schneiden Sie die Ecken ein und verstürzen Sie die Hülle. Zum Schluß das Kissen mit dem Duftpotpourri füllen und die Öffnung mit kleinen Handstichen schließen.

STICKSTICHE

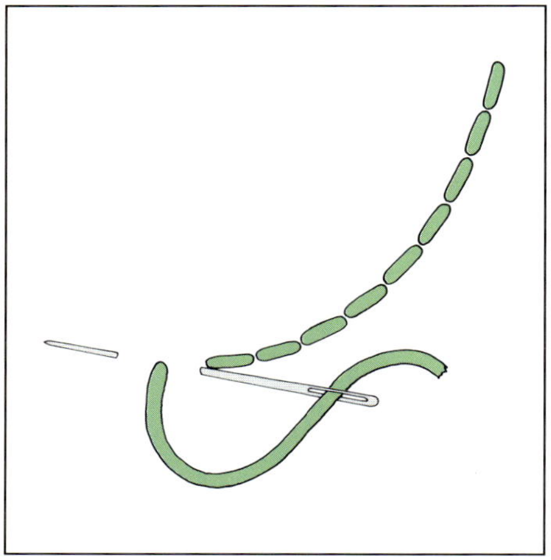

Rückstich

Wie abgebildet von hinten nach vorne kleine, gleichmäßige Stiche arbeiten. Es sollte eine feine, gerade Naht, ähnlich wie beim Maschinenstich, entstehen.

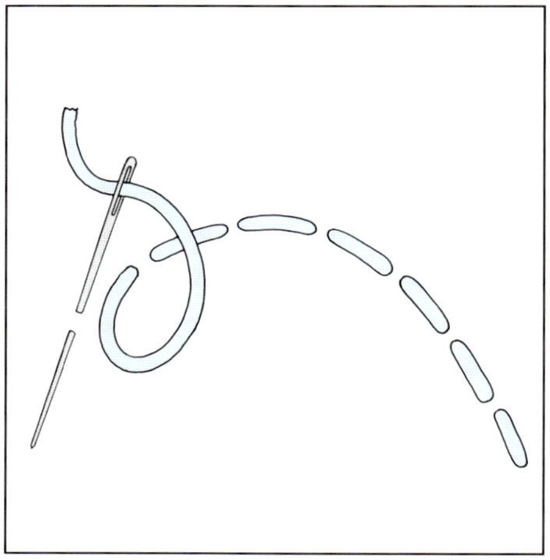

Vorstich

Die Nadel, wie abgebildet, in gleichmäßigen Abständen ein- und ausstechen. Der Vorstich eignet sich zum Ausarbeiten von Linien und Ausfüllen von Flächen.

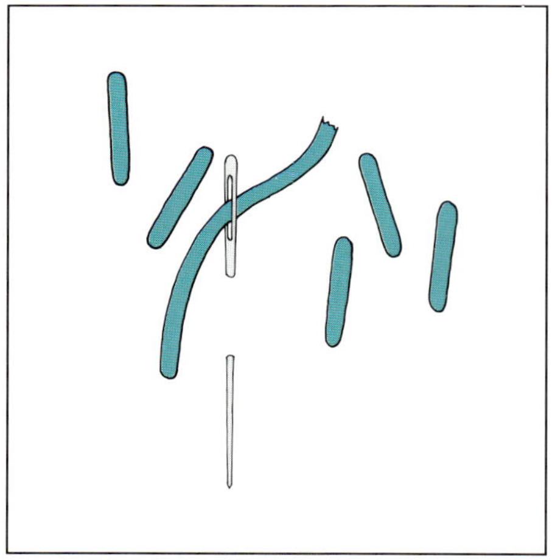

Gerader Füllstich

Mit diesem einfach auszuführenden Stich lassen sich Flächen effektvoll ausfüllen. Die Stiche sollten in der gleichen Richtung gearbeitet werden. Sind sie in unterschiedlicher Schräge ausgeführt, kreuzen sie sich gelegentlich und wirken weniger streng.

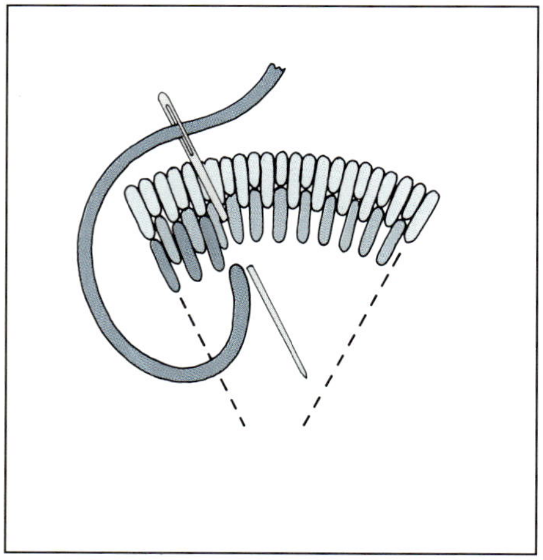

Langer und kurzer Plattstich

Eine Reihe mit abwechselnd kurzen und langen Stichen arbeiten, den Linien des Motivs folgend. In den nächsten Reihen die Stiche gleich lang setzen, so daß die gesamte Fläche bedeckt ist.

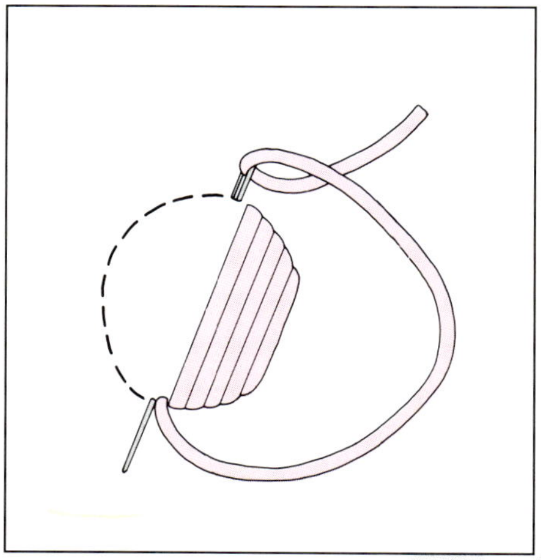

Satinstich

Der Satinstich muß gleichmäßig ausgeführt werden, damit der Stoff nicht beult. Fläche mit geraden, eng nebeneinander liegenden Stichen ausfüllen, die den Stoff vollständig bedecken.

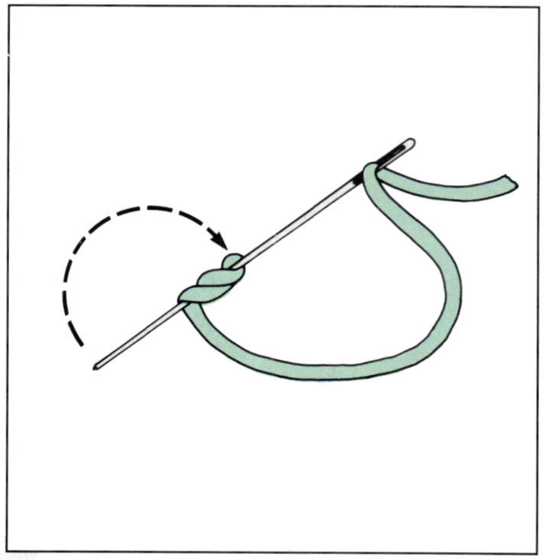

Knötchenstich

Mit der linken Hand den Faden gespannt an der Oberfläche halten, die Nadel zwei- oder dreimal herumwickeln. Schlingen festziehen, die Nadel wenden und dicht neben der Einstichstelle zurückstechen.

Hier ist das Stickmuster in Originalgröße. Übertragen Sie es direkt von dieser Seite auf Transparentpapier und dann mit Schneiderkopierpapier auf die Seide.

ABCDEFGHI
JKLMNOPQR
STUVWXYZ
1234567890

Katzen-ABC

Buchstaben und Zahlen sind seit langem ein charakteristisches und beliebtes Stickmotiv. Dieses moderne, dekorative Sticktuch schmücken graue, schwarze, getigerte und gescheckte Katzen, die aufmerksam das Alphabet lernen.

Material:
Handarbeitsgrundstoff, auszählbar, 45 cm × 45 cm
Je 1 Strang Baumwollsticktwist in folgenden Farben: Schwarz, Scharlachrot, Royalblau, Purpur, Türkis, Hellorange, Dunkelorange, Rost und Dunkelgrau
Runder oder eckiger Stickrahmen
Nähnadel
Nähfaden
Sticknadel

Das Motiv wird vornehmlich im Kreuzstich gestickt; Teile der Katzen werden im Holbeinstich ausgeführt. Beide Stiche sind leicht nachzuarbeiten, da Sie einen auszählbaren Handarbeitsgrundstoff verwenden, der für gleichmäßige Stiche und ein perfektes Endergebnis sorgt.

Versäubern Sie als erstes die Kanten des Handarbeitsgrundstoffs, damit sie nicht ausfransen. Ringsum einen 1 cm breiten, doppelten Saum umschlagen und heften. Sie können aber auch die Kanten mit großen Zickzackstichen auf der Nähmaschine versäubern. Mit Heftstichen eine waagerechte und eine senkrechte Linie über die gesamte Breite arbeiten, die sich in der Mitte kreuzen. Spannen Sie nun den Stoff fadengerade in den Stickrahmen.

Das Sticken

Suchen Sie zunächst die Mitte des Zählmusters auf S. 40, und beginnen Sie vom entsprechenden Punkt auf dem Stoff aus, nach Vorlage das rote und blaue Alphabet zu sticken. Von der Mitte auswärts und stets mit drei abgespaltenen Fäden arbeiten. Jedes Kästchen im Zählmuster gilt für einen Stich über ein Gewebekaro in Breite und Höhe.

Sind die Buchstaben fertig, sticken Sie von der Mitte nach außen die türkis- und purpurfarbene Zahlenreihe. Achten Sie darauf, daß die Zahlen direkt unter den Buchstaben der letzten Reihe liegen.

Nun die gestreifte Borte von der Mitte oben nach unten bis zu dem Punkt sticken, an dem die Katzen in Reih' und Glied sitzen. Jetzt werden die geometrischen Muster über und unter dem Alphabet ausgeführt, wobei Sie die Position wieder sorgfältig prüfen. Kehren Sie nun zur Borte zurück; sticken Sie die großen Flächen der Katzen und die dazwischenliegende Borte aus. Die weißen Bereiche der gescheckten Katzen mit schwarzem Twist im Holbeinstich umranden.

Die fertige Stickerei aus dem Rahmen entfernen und von links dämpfen; achten Sie darauf, daß die Stiche nicht flachgedrückt werden. Sehr hübsch sieht es aus, wenn Sie das Stickbild auf ein Stück starke Pappe oder Hartfaserplatte aufziehen und rahmen.

STICKSTICHE

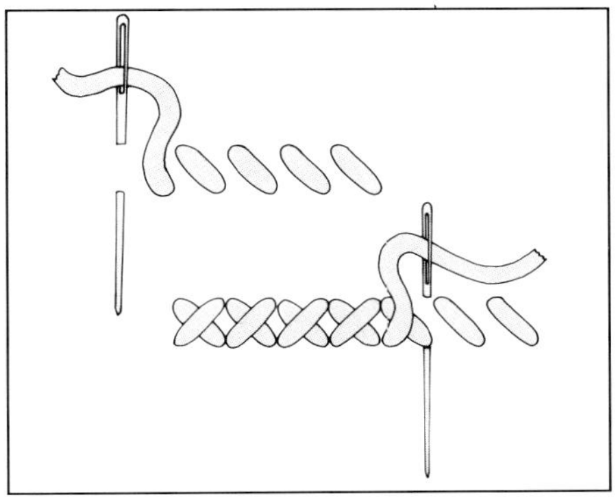

Kreuzstich
Kreuzstich in Reihen auf einem fadengeraden Grundstoff sticken. Zuerst eine diagonale Reihe (1) von rechts nach links arbeiten, dann die darüberliegenden diagonalen Stiche in Gegenrichtung ausführen (2).

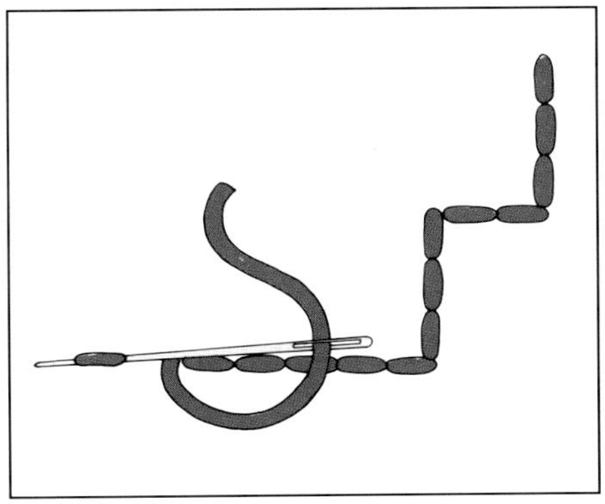

Holbeinstich
Er ist ideal, um auf fadengeradem Stoff Linien zu sticken. In gleichmäßigen Abständen Vorstiche und, wo nötig, Steppstiche arbeiten. Zwischenräume füllen, indem Sie die Reihe in der entgegengesetzten Richtung zurücksticken.

ABCDEFGHI
JKLMNOPQR
STUVWXYZ
1234567890

Sweatshirt mit Applikation

Peppen Sie ein einfaches Baumwollsweatshirt mit einem stilisierten Katzenmotiv auf. Um nicht direkt auf den Stoff zu sticken, sollten Sie das Motiv zuerst aus Futterstoff arbeiten, dann ausschneiden und aufnähen. Das Original ist in Pink und Lavendel gehalten; aber genauso reizvoll wirkt die Katze in leuchtenden Primärfarben auf schwarzem oder dunkelblauem Hintergrund.

Material:
Pinkfarbenes Baumwollsweatshirt
Lavendelfarbener Baumwollstoff, 25 cm × 25 cm
Klebenessel, speziell zum Sticken, 25 cm × 25 cm
Dünner weißer Baumwollfutterstoff, 40 cm × 40 cm
1 Strang mehrfädiger Baumwollsticktwist in Lavendel, zusätzlich Reste in Schwarz, Grau, Weiß, Türkis und Pink
Haftvlies
Sticknadel mit feiner Spitze
Nähnadel und lavendelfarbenes Nähgarn
Schnittmusterpapier und Bleistift
Schneiderkopierpapier
Großer Stickrahmen
Kleine scharfe Schere

1 Quadrat entspricht 1,2 cm

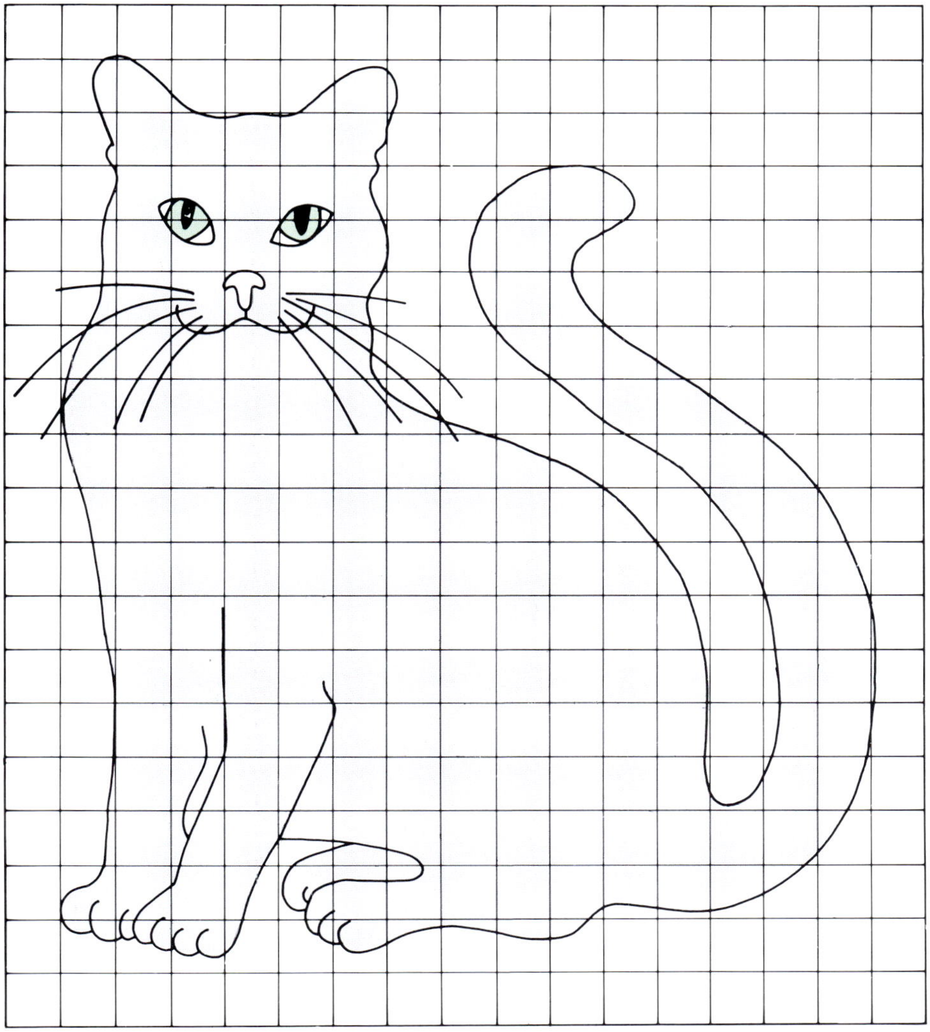

Zuerst das links abgebildete Zählmuster sorgfältig auf ein Raster in Originalgröße gemäß Anleitung auf S. 7 übertragen. Jedes Quadrat Ihres Rasters mißt 1,2 cm.

Übertragen Sie das vergrößerte Muster mit Schneiderkopierpapier und Bleistift auf die Schauseite des lavendelfarbenen Stoffs. Mit der linken Seite nach unten auf ein Bügelbrett legen, kleineres Stück Haftvlies mit der Klebeseite nach unten darüberlegen und das trockene Bügeleisen fest aufdrücken, damit die Lagen aneinanderhaften.

Schneiden Sie nun mit einer kleinen scharfen Schere die Katze entlang den Markierungslinien aus dem lavendelfarbenen Stoff aus. Papier vom Haftvlies abziehen und die Katze mit der Schauseite nach oben in die Mitte des weißen Futterstoffs legen. Mit einem feuchten Tuch bedecken und bügeln, damit die Stoffschichten aneinanderhaften. Klebenessel unter den Futterstoff legen und die Lagen rundum dicht neben den Katzenlinien zusammen-

STICKSTICHE

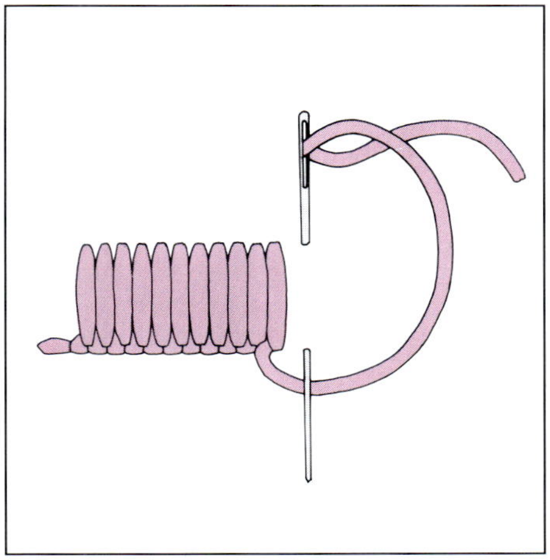

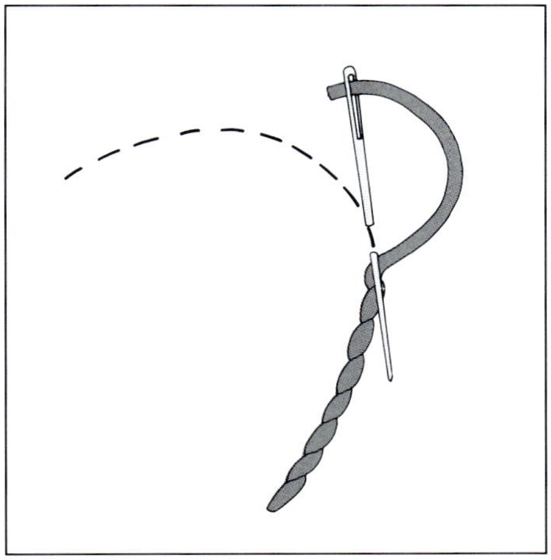

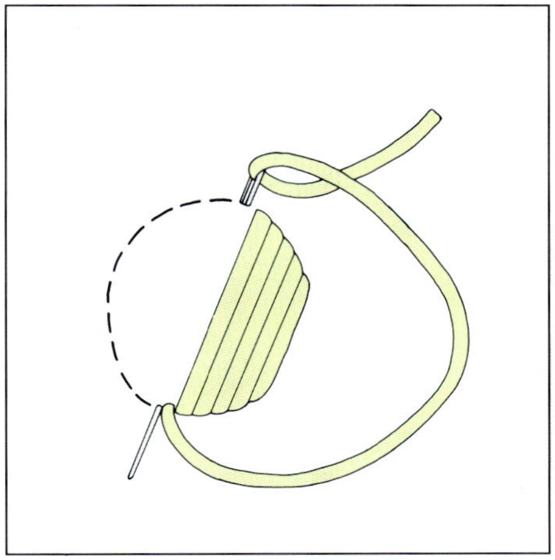

Knopflochstich

Knopflochstich von links nach rechts über die unversäuberte Kante arbeiten. Die Nadel wird, wie abgebildet, durch den Stoff und über den Faden geführt, so daß eine Reihe senkrechter, durch eine Schlingenkante verbundener Stiche entsteht.

Stielstich

Der Stielstich wird, wie in der obigen Zeichnung abgebildet, von hinten nach vorne ausgeführt; die Stiche sollten in jedem Fall gleichmäßig verlaufen und von gleicher Größe sein. Der Faden liegt stets rechts von der Nadel.

Satinstich

Der Satinstich muß gleichmäßig gearbeitet werden, um ein Ausbeulen des Stoffs zu verhindern. Konturen mit geraden, eng nebeneinanderliegenden Stichen füllen, so daß zwischen den Stichen kein Stoff mehr sichtbar ist.

Eine Reihe Knopflochstiche rund um die Katzenlinien arbeiten; dabei die unversäumten Kanten beider Stofflagen mitfassen. Die Stiche sollten 6 mm lang, gleichmäßig und eng sein, so daß kein Stoff mehr sichtbar ist.

heften. Spannen Sie das Katzenmotiv nun in einen Stickrahmen.

Sticken Sie als erstes die Konturen. Arbeiten Sie mit drei abgespaltenen Fäden des lavendelfarbenen Twists im Knopflochstich (siehe oben) über die unversäuberte Kante des lavendelfarbenen Stoffs und Futters. Die Stiche sollten rund 6 mm lang, gleichmäßig und so eng gesetzt sein, daß kein Stoff dazwischen sichtbar ist.

Als nächstes die Innenseite der Beine und Pfoten im Stielstich mit Twist in derselben Farbe sticken. Zum Schluß werden die Gesichtszüge mit drei abgespaltenen Fäden in der im Muster angegebenen Farbe gearbeitet. Der Bart kann erst dann fertiggestickt werden, wenn die Katze auf das Sweatshirt aufgenäht ist. Die Augen mit Satinstich ausfüllen, dann mit Rückstichen (siehe S. 36) umranden. Der Mund wird im Stielstich, die Nase im Satinstich gestickt. Um die Nase verteilt den Knötchenstich (siehe S. 36) arbeiten, dann die Barthaare im Stielstich ausführen und 1 cm vor der Außenkante der Katze beenden.

Die Applikation aufnähen

Entfernen Sie den Stickrahmen und lösen Sie vorsichtig den Klebenessel auf der Rückseite des Stoffs rund um die Stickerei ab. Von links auf einer gut gepolsterten Unterlage leicht dämpfen. Überschüssiges Futter rund um die Katze zurückschneiden. Die Konturen der Katze werden mit einer kleinen scharfen Schere dicht neben den Knopflochstichen ausgeschnitten. Das Katzenmotiv an der gewünschten Stelle auf das Sweatshirt legen und mit farblich passendem Nähgarn aufsteppen. Nun die Barthaare zu Ende sticken, die im Sweatshirt auslaufen.

Strampler für Krabbelkinder

Stricken Sie einen lustigen bunten Strampler für ein aktives Krabbelkind. Er läßt sich schnell und einfach nacharbeiten. Die Vorderseite des Oberteils schmückt ein Katzenmotiv, das im Maschenstich aufgestickt wird. Sie können dieses Modell natürlich auch von einer geübten Strickerin anfertigen lassen.

Material:
Rund 175 (200) Gramm Strickwolle in der Hauptfarbe A (blau)
Rund 150 (175) Gramm des gleichen Garns in einer Kontrastfarbe B (gelb)
Reste des gleichen Garns in Weiß, Schwarz und Grün für die Stickerei
Je 1 Paar Stricknadeln, Nr. 3,5 und 4
6 Maschenraffer oder Hilfsstricknadeln
6 gelbe Knöpfe
Stumpfe Sticknadel
Gummiband für die Taille, 1 cm breit

Größen
Für 66 (77) cm Brustumfang

Maschenprobe
24 M und 29 R = 10 cm im Quadrat auf Nadeln Nr. 4 im Grundmuster glatt re.

Abkürzungen
Liste der Strickabkürzungen auf S. 64.

Oberteil – Rücken
Mit Nadeln Nr. 3,5 in Farbe A 74 (80) M anschl. und 3 (3) cm im Rippenmuster, 1 M re, 1 M li arbeiten.
Mit Nadeln Nr. 4 in Farbe B glatt re bis 24 (26) cm von der Anschlagkante hocharbeiten; mit einer R li M enden.
Am Anfang der nächsten beiden R je 7 M abn. = 60 M**
Gerade hocharbeiten bis 38 (41) cm von der Anschlagkante; mit einer R li M enden.

Rückw. Halsausschnitt
Nächste R: 17 (19) M re, wenden, und nur mit diesem Teil weiterarbeiten.
*** Mit Farbe A zwei Reihen gerade hoch glatt re stricken. Ohne den Faden abzuschneiden, diese Maschen, dann die mittleren 26 (28) M auf einen weiteren Maschenraffer fädeln.
Mit der re Seite der Arbeit nach oben Farbe B wieder aufnehmen und damit die restlichen M bis zum Ende der Reihe stricken.
Wie bei der ersten Seite von *** bis Ende arbeiten.

Oberteil, vordere Hälfte
Wie Rücken bis ** arbeiten; mit den 60 (66) M bis 30,5 (33,5) cm von der Anschlagkante gerade hochstricken; mit einer R li M enden.

Vorderer Halsausschnitt
Nächste R: 25 (28) M glatt re, wenden, und nur mit diesem Teil weiterarbeiten.
**** Eine R stricken.
In der nächsten und jeder zweiten R 1 M an

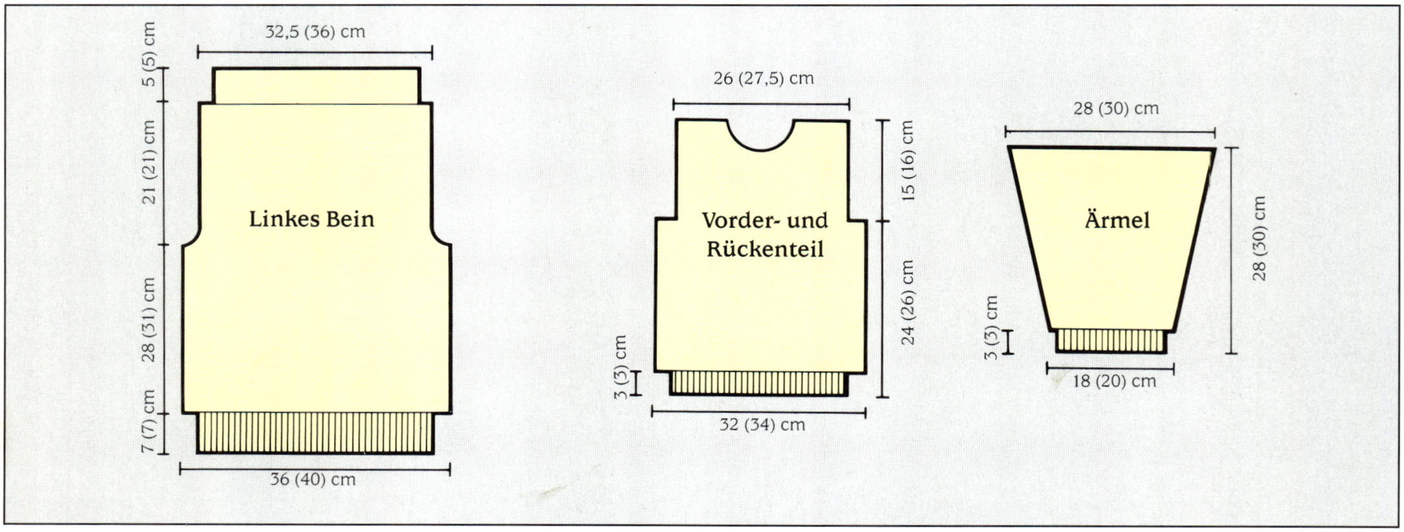

der Ausschnittkante abn., bis 17 (19) M übrigbleiben.
Einige R gerade hocharbeiten, bis das Vorderteil 5 mm weniger als der Rücken bis zur Schulter mißt.
Mit Farbe A zwei R glatt re stricken. Ohne den Faden abzuschneiden, die Maschen auf einen Maschenraffer fädeln.
Die mittleren 10 (10) M auf einen Maschenraffer nehmen.
Mit der re Seite der Arbeit nach oben Faden wieder aufnehmen und die restlichen M bis zum Ende der Reihe stricken.
Nun wie bei der ersten Seite von **** bis zum Ende arbeiten.

Ärmel

Mit Nadeln Nr. 3,5 und Farbe A 44 (48) M anschl. und 3 (3) cm im Rippenmuster 1 M re, 1 M li, arbeiten.
Mit Nadeln Nr. 4 und Farbe A glatt re stricken; gleichzeitig 1 M am Ende der nächsten und jeder folgenden 4. R zun., bis 66 (72) M auf der Nadel sind.
Gerade glatt re hocharbeiten, bis die Höhe des Ärmels von der Anschlagkante 28 (30) cm mißt; mit einer R li M enden.
Alle M locker abk.

Linkes Schulterband/Rücken

Mit der re Seite der Arbeit nach oben, Nadeln Nr. 3,5 und Farbe A die 17 (19) M vom Maschenraffer aufnehmen.
7 R im Rippenmuster, 1 M re, 1 M li, stricken.
Alle M im Rippenmuster locker abk.

Rechtes Schulterband/Rücken

Wie linkes Schulterband/Rücken arbeiten.

Halsblende/Rücken

Mit der re Seite der Arbeit nach oben, Nadeln Nr. 3,5 und Farbe A die 8 (8) M vom linken Schulterband, 2 (2) M an der li Halskante, 26 (28) M vom mittleren Maschenraffer, 2 (2) M an der re Halskante und 8 (8) M vom rechten Schulterband aufn. und stricken = 46 (48) M.
Dann 7 R im Rippenmuster, 1 M re, 1 M li stricken.
Alle M locker abk.

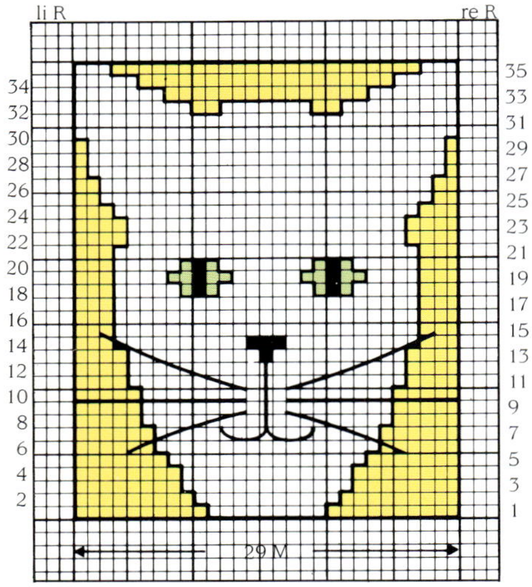

Linkes Schulterband/Vorderteil

Mit der re Seite der Arbeit nach oben, Nadeln Nr. 3,5 und Farbe A die 17 (19) M vom Maschenraffer aufnehmen.
Zwei R im Rippenmuster, 1 M re, 1 M li, stricken.
Dabei zwei gleichmäßig verteilte Knopflöcher im Rippenmuster arbeiten.
3 weitere R im Rippenmuster stricken, dann alle M im Rippenmuster locker abk.

Rechtes Schulterband/Vorderteil

Wie linkes Schulterband/Vorderteil arbeiten.

Halsblende/Vorderteil

Mit der re Seite der Arbeit nach oben, Nadeln Nr. 3,5 und Farbe A die 8 (8) M vom linken Schulterband, 16 (19) M an der li Halskante, 10 (10) M vom mittleren Maschenraffer, 16 (19) M an der re Halskante und 8 (8) M vom re Schulterband aufnehmen = 58 (64) M.
Zwei R im Rippenmuster, 1 M re, 1 M li, stricken.
Dabei an beiden Enden der Halsblende je 1 Knopfloch im Rippenmuster arbeiten.
3 weitere R im Rippenmuster stricken, dann alle M im Rippenmuster locker abk.

Fertigstellung

Jedes Teil leicht von links dämpfen. Das Motiv gemäß Zählmuster (oben) mit Maschenstich einsticken und wie auf dem Foto von S. 45 positionieren. Nehmen Sie Weiß für das Gesicht, und Schwarz und Grün für die Augen. Mund und Barthaare werden in Schwarz mit Rückstichen gefertigt. Die vorderen über die rückwärtigen Schulterbänder legen und heften. Mit der Ärmelmitte an der Schulternaht die Ärmel feststecken und einnähen. Heftfaden entfernen und drei Knöpfe den Knopflöchern entsprechend an die beiden Seiten des Schulterbands nähen.
Seiten- und Ärmelnähte schließen.
Alle Nähte dämpfen.

Hosen

Mit Nadeln Nr. 3,5 und Farbe A 76 (82) M anschl. und 7 (7) cm im Rippenmuster, 1 M re, 1 M li, stricken.
Zunahme: Glatt re stricken und dabei gleichmäßig verteilt 12 (14) M zun.
Mit Nadeln Nr. 4 und Farbe B 20 R glatt re stricken. Gerade hocharbeiten und jeweils nach der 20. R die Farbe wechseln, bis 28 (31) cm Höhe vom Beginn des Rippenmusters.

Zwickel

Im Streifenmuster weiterarbeiten, gleichzeitig am Ende jeder folgenden R 1 M abn., bis 78 (86) M auf der Nadel sind. Im Muster gerade hochstricken, bis die Arbeit 49 (52) cm vom Beginn des Rippenmusters mißt.
Innerhalb der nächsten R gleichmäßig verteilt 12 (14) M abn.
Mit Nadeln Nr. 3,5 und Farbe A 5 (5) cm im Rippenmuster, 1 M re, 1 M li, stricken.
Alle M locker abk.

Fertigstellung

Jedes Teil leicht von links dämpfen. Seitennähte und innere Beinnaht schließen; Naht am Hosenaufschlag nach außen wenden. Die Hälfte des Rippenbündchens in der Taille nach innen einschlagen und festnähen; dabei eine Öffnung für das Gummiband lassen. Gummiband einziehen und Enden zusammennähen. Öffnung schließen und die Hosenaufschläge hochkrempeln.

Für den Maschenstich Sticknadel mit stumpfer Spitze verwenden. Von der Unterkante des Motivs aufwärts und von rechts nach links arbeiten; jeden Stich in zwei Phasen sticken, wie abgebildet.

Hier ein einfarbiger Strampler mit farblich abgesetzten Bündchen. Wir haben ein kräftiges Türkis und Rost miteinander kombiniert. Die Katzen sind auf Hosenbeine und Ärmel gestickt.

Kuschelkatzen-Pullover

Schwarze Katzen sitzen aufgereiht auf dem lustig geringelten, farbenfrohen Kinderpulli, der glatt rechts nach dem Rapport auf S. 48 gestrickt wird. Den auf der Rückseite mitlaufenden Faden der Beifarbe sollten Sie stets einmal mit dem in Arbeit befindlichen verschlingen, um lange Spannfäden zu vermeiden.

Für diesen Kinderpullover sind 3 Größen angegeben. Er kann auch mit dickerem Garn für Erwachsene gestrickt werden.

Material:
4 (5; 5) Knäuel 4fädige Shetlandwolle à 25 g in der Hauptfarbe A (Graugrün)
3 (3; 4) Knäuel à 25 g des gleichen Garns in einer Kontrastfarbe B (Pink)
3 (3; 4) Knäuel à 25 g des gleichen Garns in einer Kontrastfarbe C (Schwarz)
Je ein Paar Stricknadeln Nr. 2,5 und 3,5
2 Maschenraffer

Größe
Für Brustumfang 61 (66; 71) cm

Maschenprobe
28 M und 34 R = 10 cm im Quadrat mit Nadeln Nr. 3,5 im Grundmuster

Abkürzungen
Eine Liste der Strickabkürzungen finden Sie auf S. 64.

Rücken
Mit Nadeln Nr. 2,5 und Farbe A 96 (100; 104) M anschl. und 4,5 cm im Rippenmuster, 2 M re, 2 M li, stricken.

Mit Nadeln Nr. 3,5 glatt re nach Strickmuster arbeiten; die re gestrickten (ungeraden) Zahlenreihen werden von rechts nach links, und die li gestrickten (geraden) Zahlenreihen von links nach rechts gelesen.
1. Größe: Den Rapport (24 M) 4× pro R wiederh.
2. und 3. Größe: Die Randm. an beiden Seiten der 4 Rapports wie im Strickmuster angegeben wiederh.
Die 40 Reihen des Rapports bis zu einer Gesamthöhe von 26,5 (27,5; 28,5) cm ab Anschlagkante wiederh.; mit einer R li M enden.
Jedes Ende der nächsten R mit Kontrastgarn markieren, um den Beginn des Armausschnitts anzuzeigen.**
Bis zu einer Gesamthöhe von 41 (42; 43) cm nach Strickmuster weiterarbeiten; mit einer R li M enden.

Halsausschnitt/Rücken
Nächste R: 31 (33; 35) M im Muster stricken, Arbeit wenden, und nur mit diesem Teil weiterarbeiten.
*** 1 R nach Strickmuster.
Dem Rapport folgend in den nächsten 3 R je 1 M an der Halsausschnittkante abn. = 28 (30; 32) M.
1 R ohne Abn. stricken.
Alle M locker abk.
Die mittleren 34 M auf einen Maschenraffer fädeln. Mit der Schauseite der Arbeit nach oben den Faden wieder aufnehmen und die R mit den restl. M im Muster beenden.
Wie die erste Seite von *** bis zum Ende arbeiten.

Vorderteil
Wie das Rückenteil bis ** stricken.
Die 40 R des Rapports bis zu einer Höhe von 37 (38; 39) M ab Anschlagkante wiederh.; mit einer R li M enden.
Halsausschnitt/Vorderteil
Nächste R: 39 (41; 43) M im Muster stricken, Arbeit wenden, und nur mit diesem Teil weiterarbeiten.
**** 1 R nach Strickmuster.
Dem Rapport folgend in der nächsten und den folgenden 6 R je 1 M an der Halsausschnittkante abn. = 28 (30; 32) M.
Faden B und C abschneiden und mit A weiterarbeiten. Einige R gerade hocharbeiten, bis das Vorderteil die gleiche Höhe wie der Rücken erreicht hat.
Alle M locker abk.
Die mittleren 18 M auf einen Maschenraffer fädeln. Mit der Schauseite der Arbeit nach oben den Faden wieder aufnehmen und die R mit den restl. M im Muster beenden.
Wie die erste Seite von **** bis Ende arbeiten.

Stricken Sie den Kuschelkatzen-Pullover glatt rechts; richten Sie sich genau nach dem rechts abgebildeten Rapport. Den Rapport alle 40 R wiederholen, die bunten Streifen jedoch regelmäßig fortführen. Das Foto rechts oben zeigt einen Ausschnitt des gestrickten Musters.

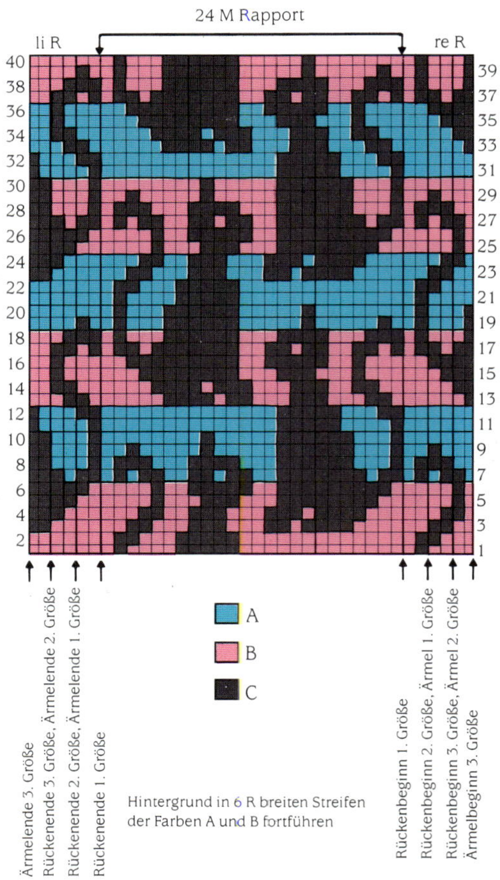

Ärmel

Mit Nadeln Nr. 2,5 und Farbe A 52 (56; 60) M anschl. und 4,5 cm im Rippenmuster, 2 M re, 2 M li, stricken.
Mit Nadeln Nr. 3,5 glatt re nach Strickmuster arbeiten; die Randm. für die 1., 2. und 3. Größe wie im Rapport für die 1. R (re M) angegeben arbeiten.
Die erste R legt das Muster fest.
Im Muster weiterarbeiten, gleichzeitig in der nächsten und jeder 4. folgenden R beidseitig je 1 M zun., bis 96 (100; 104) M auf der Nadel sind. Zunahmen ins Muster einarbeiten.
Im Muster bis zu einer Höhe von 37 (39; 41) cm ab Anschlagkante gerade hocharbeiten; mit einer R li M enden.
Faden B und C abschneiden und mit A im Muster gerade hocharbeiten, bis der Ärmel 39 (41; 43) cm ab Anschlagkante mißt. Alle M locker abk.

Halsblende

Rechte Schulternaht schließen.
Mit Nadeln Nr. 2,5, Farbe A und der Schauseite der Arbeit nach oben 26 (28; 30) M an der li Halsausschnittkante, 18 M vom Maschenraffer, 26 (28; 30) M an der re Halsausschnittkante, 7 (7; 7) M am rückw. Halsausschnitt, 34 M vom Maschenraffer und 7 (7; 7) M auf der anderen Seite des rückw. Halsausschnitts aufn. und glatt re stricken = 118 (122; 126) M.
Nächste R: 2 M re; * 2 M li, 2 M re; wiederh. von * bis Ende.
Nächste R: 2 M li; * 2 M re, 2 M li; wiederh.
Die letzten beiden R wiederh., bis 10 Rippenmuster-R entstanden sind.
Alle M im Rippenmuster locker abk.

Fertigstellung

Jedes Teil leicht von links dämpfen.
Schulter- und Halsblendennaht schließen.
Mit der Ärmelmitte an der Schulternaht den Ärmel zwischen den Farbmarkierungen feststecken und einnähen.
Seiten- und Ärmelnähte schließen.
Alle Nähte dämpfen.

Die beiden Abbildungen zeigen, wie leicht sich mit Farben unterschiedliche Effekte erzielen lassen. Stricken Sie die Katzenmotive in zwei Orange-, Grau- oder Braunschattierungen (oben rechts), oder auch in Schwarz oder Weiß auf einem kräftigen, kontrastierenden Hintergrund (rechts). Sie können auch die Breite der Streifen ändern, wenn Sie zwei, vier oder acht Reihen stricken.

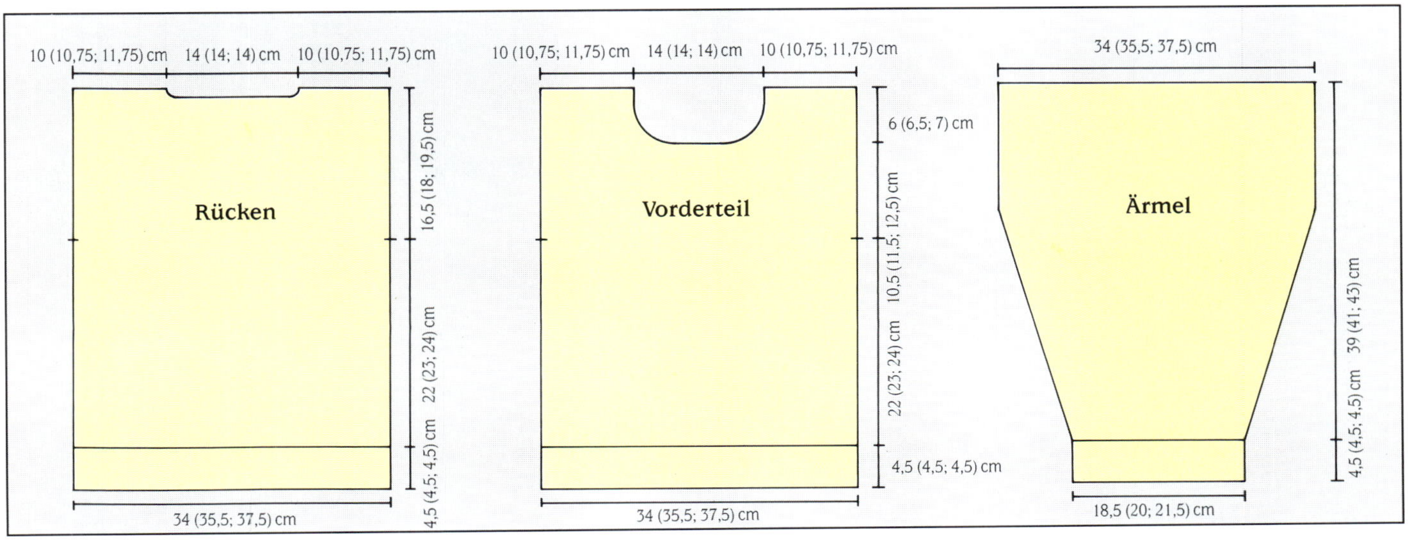

Knautsch-Kätzchen

Mit diesem kuscheligen Kätzchen machen Sie jedem Kind eine Freude. Es ist nicht schwer nachzuarbeiten, wenn Sie sich genau an die Anleitung halten. Achten Sie beim Kauf des Stoffs und des Füllmaterials auf gute Qualität und verzichten Sie aus Sicherheitsgründen auf die Barthaare, wenn das Spielzeug für ein Baby bestimmt ist.

Material:
Grauer, kurzfloriger Webpelz, 25 cm
Rest weißer Webpelz
Plastikbarthaare (nach Wahl)
Rosa Plastiknase, 13 mm Ø
1 Paar Augen mit Unterlegscheibe, 15 mm Ø, sicherheitsgeprüft
Stickgarn, rosa
Füllmaterial (Dacronwatte, Polyester)

Schnittmuster von S. 53 vergrößern, wie auf S. 7 beschrieben. Jedes Karo in Ihrem Raster mißt 2,5 cm. Teile auf Pappe übertragen und ausschneiden; Position der Augen, Abnäher und Schlitze markieren. Achten Sie auf die Strichrichtung, die durch Pfeile gekennzeichnet ist.

Pfeile auf der Pelz-Rückseite einzeichnen und die Schablone entsprechend auflegen. Teile ringsum mit Filzstift nachzeichnen und ausschneiden. Bei zwei gegengleichen Teilen die Schablone umdrehen (ohne die Pfeilrichtung zu ändern), so daß ein Spiegelbild entsteht.

Spielzeug gemäß Schritt 1–6 fertigen. Nähte stets mit Stecknadeln fixieren und heften, bevor sie geschlossen werden. Weitere Tips finden Sie rechts im blauen Kasten.

BENÖTIGTE STICHE

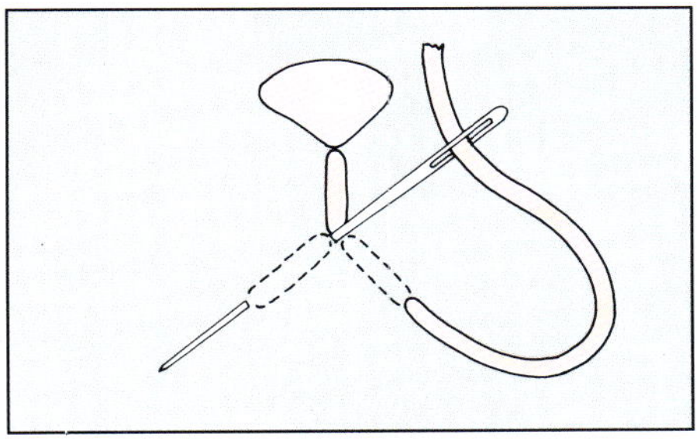

Für den Mund des Kätzchens die Nadel vom unteren Kopfrand zur Nasenspitze hin führen. Drei Stiche wie abgebildet in Y-Form arbeiten.

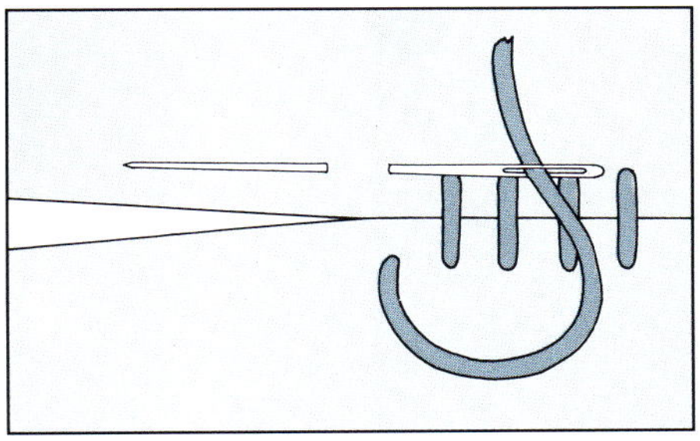

Der Leiterstich (oben) wird beim Schließen von Nahtöffnungen und Annähen des Kopfes verwendet. Faden fest anziehen, so daß die Stiche kaum sichtbar sind.

TIPS

Kaufen Sie immer Webpelz von guter Qualität.

Anfänger sollten Webpelze mit gestrickter Innenseite wählen; sie sind dehnbar, fransen nicht und lassen sich einfacher verarbeiten. Beim Auflegen der Schablone auf die Pfeile für die Strichrichtung achten.

Webpelz-Teile nur aus einer Pelzschicht zuschneiden.

Die Schablone umdrehen, wenn ein zweites, gegengleiches Pelzteil gefertigt wird.

Hand- oder Maschinennähte vorher stets mit Stecknadeln fixieren und heften.

Bei Webpelzen buntköpfige Stecknadeln verwenden, die leichter auszumachen sind. Kinder könnten sich an vergessenen Nadeln verletzen.

Pelzteile rechts auf rechts zusammennähen, falls nicht anders angegeben.

Für die Nähte starkes Nähgarn, am besten aus Kunstfasern benutzen, das sich leicht dehnt.

Mit einer rauhen Bürste das eingeklemmte Fell aus den Nähten ziehen.

Spielzeug mit einem langen spitzen Gegenstand, z. B. dicken Stricknadeln oder Schraubenzieher, verstürzen.

Kopf im Leiterstich mit starkem Knopflochgarn und dicker Stopfnadel annähen; mindestens zweimal rundum arbeiten, damit die Naht hält.

Kaufen Sie immer Füllmaterial von guter Qualität; alte Strümpfe und Stoffreste beeinträchtigen das Endergebnis.

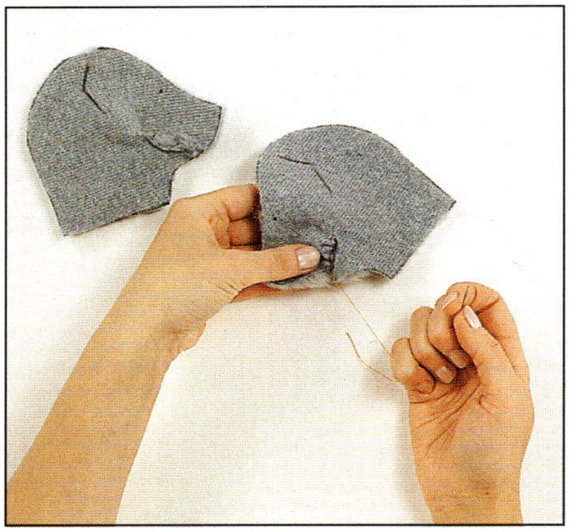

1 *Weißes Futter rechts auf rechts auf die Ohrenteile nähen; die gerade Kante offenlassen. Ohren verstürzen und auf der rechten Seite der Arbeit dicht an der Naht absteppen. An einer Seite des Kopfteils die Schlitzoberkante bis X raffen; Schlitz zunähen. Auf der anderen Seite wiederholen.*

2 *Wie markiert Schlitze für die Ohren schneiden. Beide Kopfseiten rechts auf rechts von H–J zusammennähen. Halskeil zwischen H und K raffen und an eine Kopfseite nähen. Auf der anderen Seite wiederholen. An den entsprechenden Stellen kleine Löcher für die Augen, und bei H für die Nase bohren.*

3 *Ohren von innen durch die Schlitze schieben, so daß die unversäuberten Kanten aufeinanderliegen; festnähen. Kopf verstürzen; Augen und Nase mit Unterlegscheiben anbringen. Barthaare befestigen. Kopf füllen, modellieren und die unversäuberten Kanten gerafft mit Vorstichen zusammennähen.*

4 *Mund mit rosa Stickgarn wie auf S. 51 abgebildet arbeiten und Kopf auf eine Seite legen. Abnäher im vorderen Körperteil schließen und Innenbein zwischen A und B annähen. Seitl. Körperteile zwischen A und C an die Innenbeine steppen. Dann auf beiden Seiten die Naht von D–E zwischen Vorderteil und Hinterpfoten schließen.*

5 *Basis des Innenbeins ausbreiten und rechts auf rechts die beiden Pfoten annähen. Rückennaht von F–G schließen. Schwanz in der Mitte falten und von der Spitze bis zur Basis nähen. Verstürzen und rechts auf rechts bei G auf den Unterkörper heften.*

6 *Haupt- und Unterkörper zusammenheften, so daß G und E aufeinanderliegen; Schwanz nach innen schieben. Nähen, Körper verstürzen und mit Füllmaterial auspolstern. Auf korrekten Sitz des Körpers achten, dann die Halsnaht mit Vorstichen einreihen und schließen. Zum Schluß den Kopf mit Leiterstichen annähen.*

1 Quadrat entspricht 2,5 cm

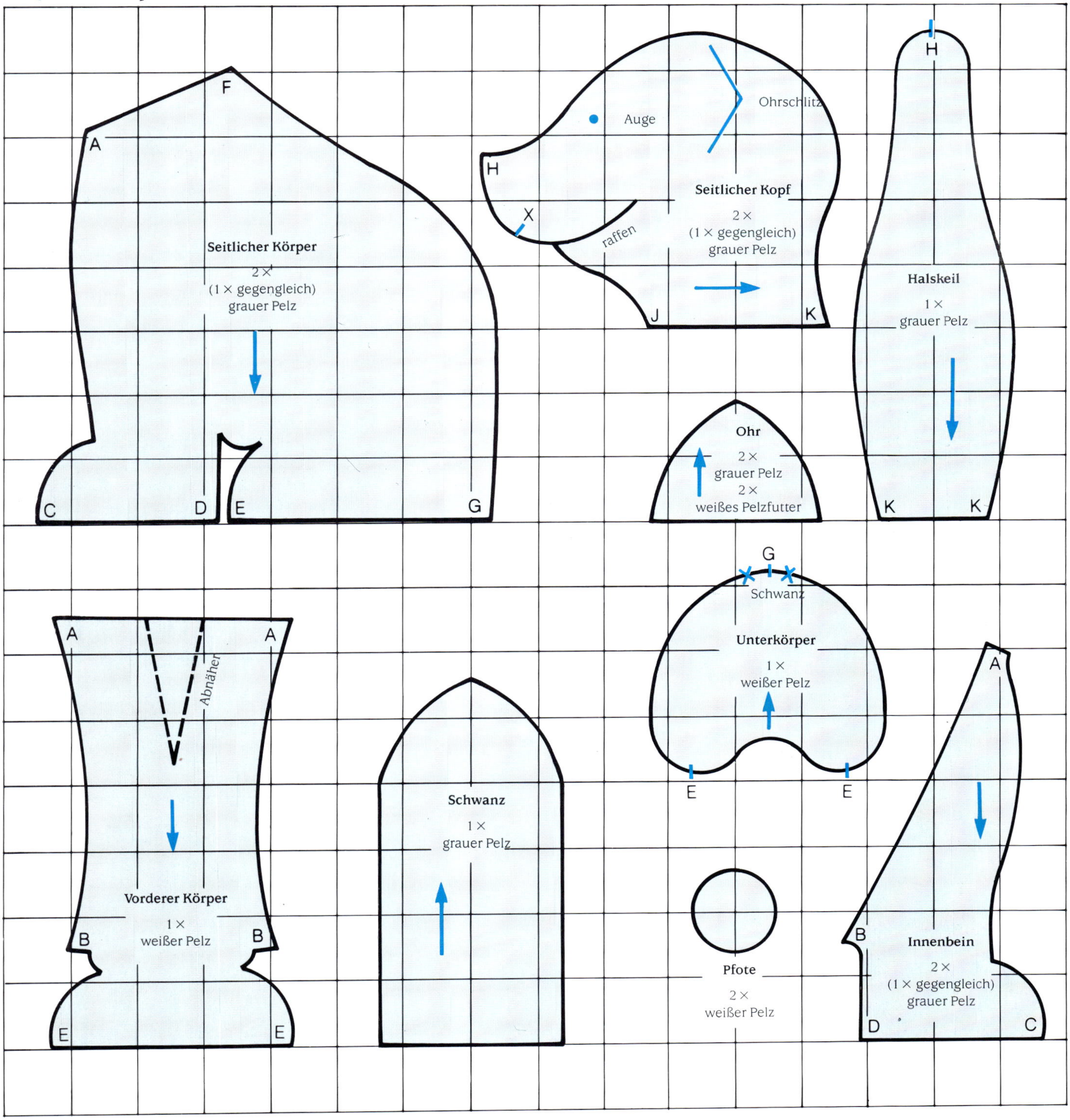

Schnurr-Täschchen

Dieses Täschchen ist ein nettes Geschenk für ein kleines Mädchen. Es hat auf der Rückseite eine Geheimtasche für ganz besondere Schätze. Arbeiten Sie es in schwarzem und weißem Webpelz nach, ergänzt durch eine bunte Kordel, daß die Tasche um den Hals gehängt werden kann.

Schnittmuster (S. 56/57) wie auf S. 7 beschrieben vergrößern. Denken Sie daran, das Papiermuster an der gestrichelten Bruchkante der Eingrifftasche umzudrehen und somit beide Hälften zu zeichnen. Papierteile ausschneiden, auf Pappe übertragen und Schablonen ebenfalls ausschneiden.

Position von Abnähern, Augen, Schwanz usw. markieren. Pfeile für die Strichrichtung auf der Webpelzrückseite einzeichnen und Schablonen entsprechend auflegen. Konturen mit Filzstift nachzeichnen; wiederholen, wenn die Teile 2× zugeschnitten werden. Teile ausschneiden und gemäß Schritt 1–8 verarbeiten.

Material:
Schwarzer, kurzfloriger Webpelz, 30 cm
Kleines Stück weißer Webpelz
Schwarzer Samtfutterstoff, 35 cm × 20 cm
Rosa Plastiknase, 15 mm Ø
1 Paar Augen mit Unterlegscheibe, 15 mm Ø, sicherheitsgeprüft
Rosa Stickgarn und kleiner Knopf
Kurzes Stück 5 mm breites Gummiband
Rote Kordel
Füllmaterial (Dacronwatte, Polyester)

1 *Weißes Ohrenfutter an die beiden vorderen Kopfteile zwischen C und D nähen. Abnäher schließen. Die beiden vorderen Kopfteile rechts auf rechts zusammenlegen und Naht von E–F schließen. Hinterkopf rechts auf rechts an das Gesicht nähen; E und F liegen dabei aufeinander. Außenlinien wie im Bild oben gezeigt rundum nähen.*

2 *An markierter Position Schlitz in den Hinterkopf schneiden; kleine Löcher für Augen und Nase bohren. Kopf durch den Schlitz verstürzen. Ohren flachdrücken und an ihrer Basis durch alle Stofflagen steppen. Augen und Nase einführen, auf der Rückseite mit Unterlegscheiben befestigen und Kopf mit Füllmaterial fest auspolstern.*

3 *Mund einsticken wie auf S. 51 beschrieben. Kopf auf eine Seite legen. Pfoten rechts auf rechts zwischen A und B an die Vorderbeine nähen. Vorderbeine zur Hälfte falten, rundum nähen; die gerade untere Kante bleibt offen. Verstürzen und locker füllen.*

4 *Beine zur Hälfte falten und Seitennaht schließen; die gerade untere Kante bleibt offen. Für den Schwanz wiederholen, dann alle drei Teile verstürzen. Beine locker polstern. Die beiden vorderen Körperteile rechts auf rechts zusammenlegen und Naht von G–H schließen. Arme und Beine wie abgebildet an den vorderen Körperteil heften.*

5 *Schlitz in das Taschenfutter gemäß Schnittmuster-Position schneiden. 5 cm langes, 5 mm breites Stück Gummiband zur Hälfte falten und auf der rechten Stoffseite quer zu den unversäuberten Kanten des Schlitzes gemäß Markierung anheften. Futter rechts auf rechts auf das rückwärtige Körperteil legen und in einer Linie rund um den Schlitz annähen.*

6 *Schlitz mit einer kleinen, spitzen Schere in den Pelz schneiden; die beiden genähten Ecken sehr vorsichtig diagonal bis dicht vor die Naht einschneiden. Futter durch den Schlitz auf die linke Seite schieben und glätten. Futter zur Hälfte falten und die drei unversäuberten Kanten rundum zur Eingrifftasche absteppen, wie abgebildet.*

7 Schlitz für den Schwanz in das rückwärtige Körperteil schneiden und rechts auf rechts in die Öffnung schieben, so daß die unversäuberten Kanten aufeinanderliegen. Wie abgebildet durch alle Stofflagen nähen. Die beiden Körperteile rechts auf rechts zusammenlegen, Beine unterschieben und Außenlinien steppen; dabei nicht vergessen, Öffnung zum Wenden zu lassen. Körper verstürzen, Hals und Bauch locker auspolstern. Öffnung mit Leiterstich schließen.

8 Hals durch den Schlitz an der Kopfrückseite schieben und mit Leiterstichen befestigen. Knopf gegenüber der Gummiband-Schlaufe an der Tasche annähen. 2 cm vor den beiden Enden in die dicke rote Kordel einen Knoten machen. Das eine Ende wie abgebildet auf die Pfote legen, Pfote zur Hälfte falten und am Arm festnähen, so daß der Knoten verdeckt ist.

Auf der anderen Seite wiederholen, dabei die Kordellänge der Größe des Kindes anpassen. Zum Schluß der Katze eine Schleife in Farbe der Kordel umbinden.

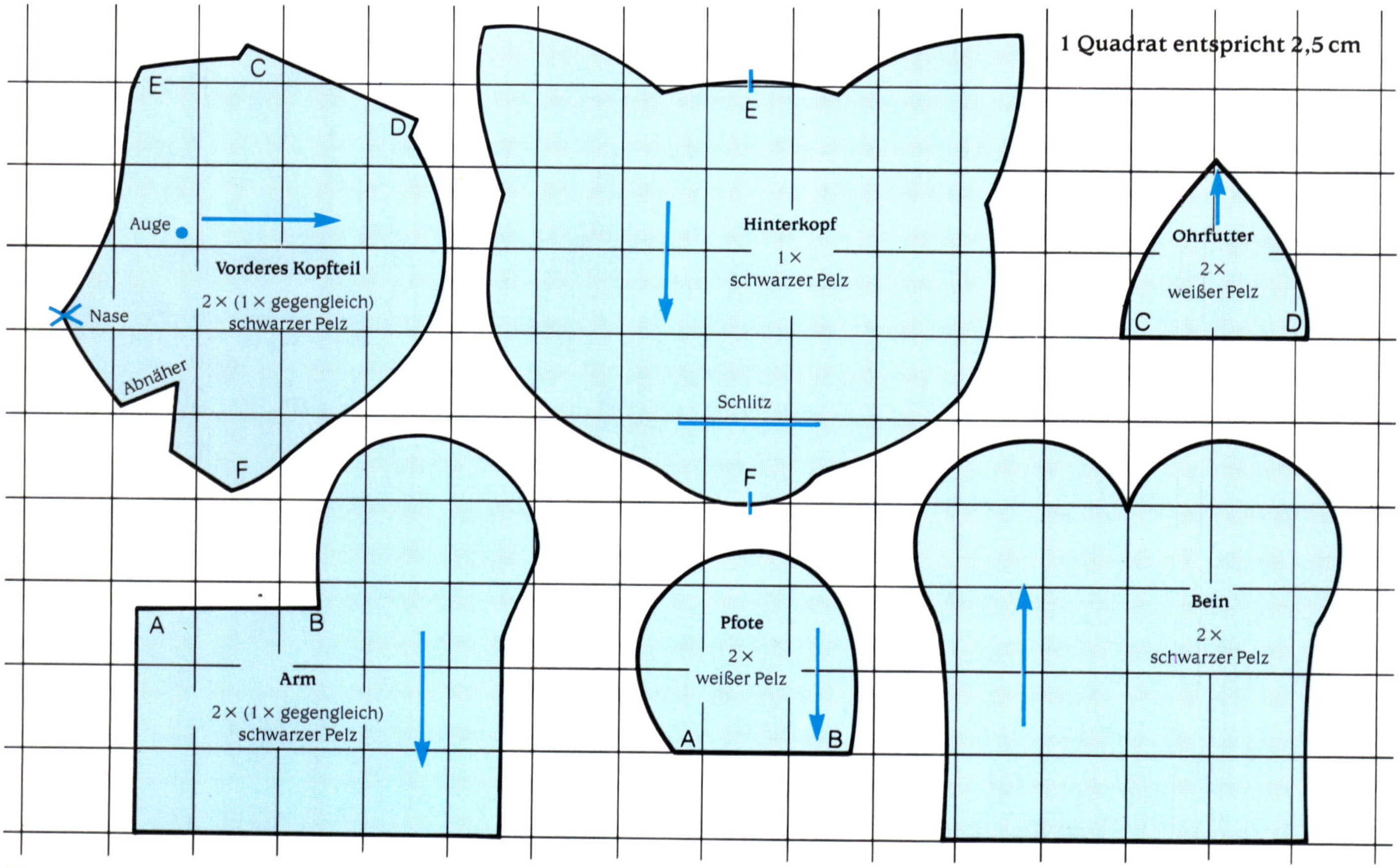

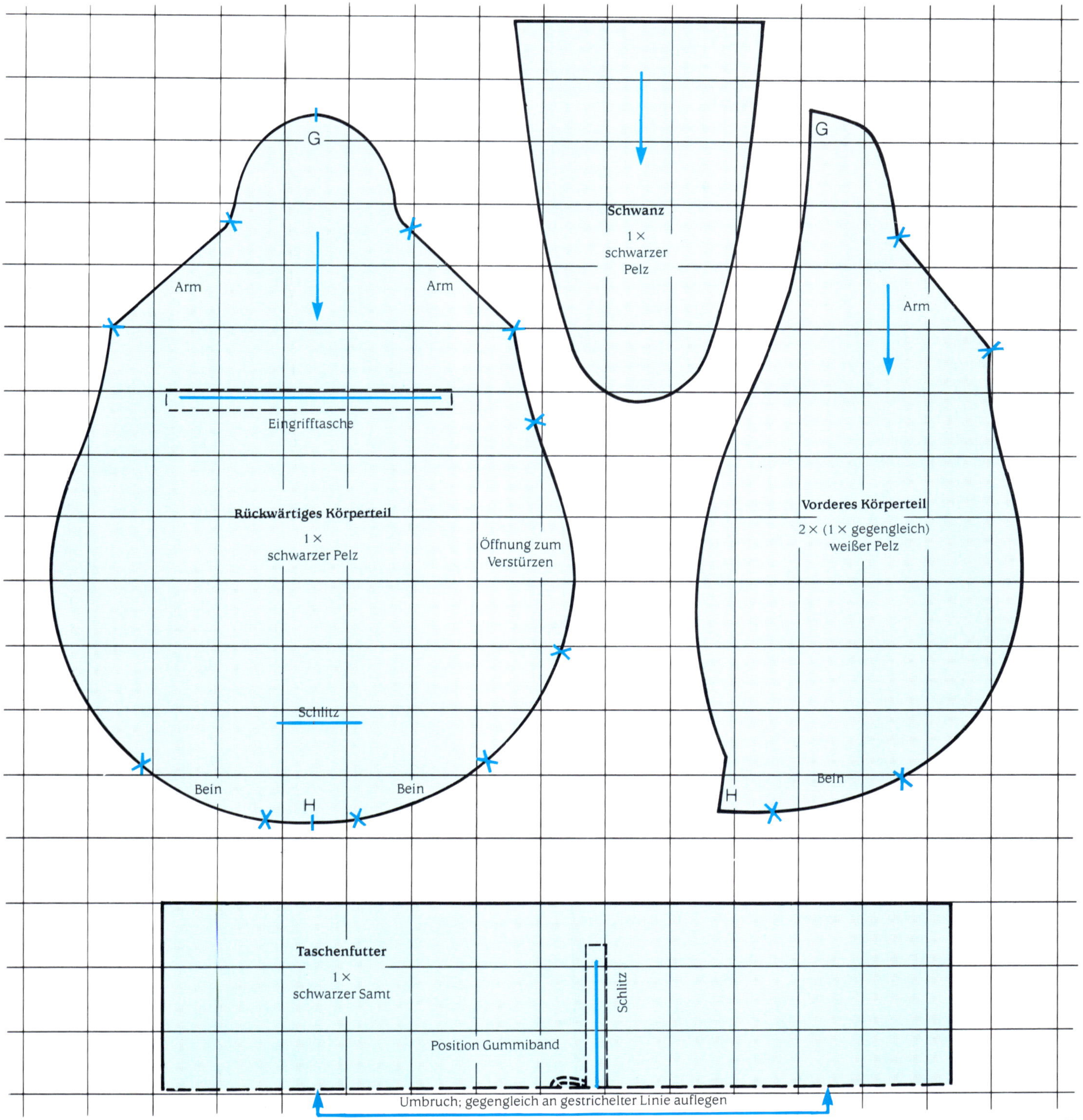
G
Arm
Arm
Eingrifftasche
Rückwärtiges Körperteil
1 ×
schwarzer Pelz
Öffnung zum
Verstürzen
Schlitz
Bein
Bein
H
Schwanz
1 ×
schwarzer
Pelz
G
Arm
Vorderes Körperteil
2 × (1 × gegengleich)
weißer Pelz
Bein
H
Taschenfutter
1 ×
schwarzer Samt
Schlitz
Position Gummiband
Umbruch; gegengleich an gestrichelter Linie auflegen

Persisches Paradekissen

Schmücken Sie Ihr Bett mit dieser wundervollen Perserkatze, in der Sie gleichzeitig Ihr Nachthemd verstauen können. Wichtig ist, daß Sie den langhaarigen Webpelz auf der Rückseite in Strichrichtung zuschneiden.

Material:
Weißer langhaariger Webpelz, 50 cm
Weißer kurzhaariger Webpelz, 60 cm × 60 cm
Weißer Filz, 50 cm × 50 cm
Rosa Plastiknase, 15 mm Ø
1 Paar Augen mit Unterlegscheibe, 18 mm Ø, sicherheitsgeprüft
Rosa Stickgarn
Kleiner Knopf
Kleines Stück 5 mm breites Gummiband
Füllmaterial (Dacronwatte, Polyester)

Dieses Modell ist ein wenig kompliziert. Falls Sie bisher noch kein Spielzeug gebastelt haben, sollten Sie zuerst Erfahrung sammeln und das Knautsch-Kätzchen oder das Schnurr-Täschchen nacharbeiten. Lesen Sie vor Beginn der Arbeit die Tips auf S. 51 sorgfältig durch.

Die Schnittmusterteile auf ein Raster mit 2,5 cm großen Karos übertragen und ausschneiden. Konturen auf Pappe nachzeichnen und Position von Augen, Ohren, Abnähern usw. markieren; dabei auf die Pfeile für die Strichrichtung des Webpelzes achten. Futter und Schwanz müssen an der gestrichelten Umbruchlinie gegengleich aufgelegt werden, um das komplette Schnittmusterteil zu erhalten.

Kaufen Sie Webpelz von guter Qualität. Markieren Sie die Strichrichtung mit Pfeilen auf der Rückseite und legen Sie die Schablonen entsprechend auf. Die Konturen nachziehen und die Schablone umdrehen, wenn ein zweites, gegengleiches Teil gefertigt werden muß. Nun alle Teile sorgfältig ausschneiden.

Folgen Sie den Anleitungen von Schritt 1–9; anschließend mit einer rauhen Bürste das eingeklemmte Fell aus den Nähten ziehen.

1 *Abnäher in beiden Gesichtsseiten und Schlitz wie abgebildet schließen. Gesichtsteile rechts auf rechts zusammenlegen und Naht von S bis T schließen. Nasenkeil annähen; die Punkte W-S-W liegen dabei aufeinander. Anschießend Futter an die Ohren nähen; dabei gerade Kanten offen lassen. Verstürzen und knappkantig absteppen.*

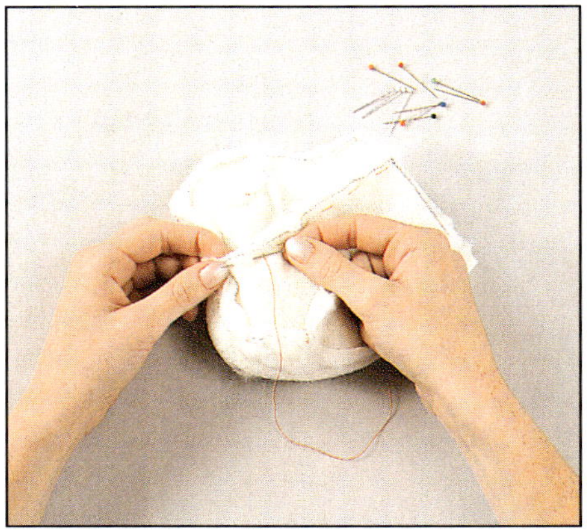

2 *Die seitlichen Kopfteile zwischen W und Y an den Kopfkeil nähen. Schlitze wie markiert anbringen, Ohren mit dem Filzfutter nach oben und aufeinanderliegenden unversäuberten Kanten einschieben und annähen. Punkte Z und W des seitlichen und des vorderen Kopfteiles aneinandersteppen. Löcher für die Augen bohren; verstürzen.*

3 *Augenstiele durch Augen-Filzfutter in den Kopf schieben und auf der Rückseite mit Unterlegscheibe sichern; Nase ebenso befestigen. Kopf polstern und Gesicht mit extra Füllmaterial in den Backen modellieren. Öffnung mit eng eingereihten Vorstichen schließen.*

4 Mund mit rosa Stickgarn gemäß Abb. auf S. 51 arbeiten. Kopf auf eine Seite legen. Die vier Beinteile mit aufeinanderliegenden Markierungspunkten am Körperkeil befestigen. Schwanz zur Hälfte falten, Seitennaht schließen und gerade Unterkante offen lassen; Arbeit verstürzen.

5 Schlitz gemäß Schnittmuster in einen der Futterstoffe schneiden. Ein 5 cm langes, 5 mm breites Gummiband zur Hälfte falten und auf der rechten Seite des Stoffs gemäß Markierung quer zum Schlitz anheften. Futter rechts auf rechts auf den Unterkörper legen und wie oben abgebildet mit Vorstichen sorgfältig rund um den Schlitz heften.

6 Mit einer scharfen Schere den Schlitz durch den Pelz schneiden; die genähten Schlitzecken an beiden Seiten diagonal bis kurz vor die Naht einschneiden; nicht in die Naht schneiden! Futter durch den Schlitz auf die linke Seite schieben und glätten. Zweites Futterteil darauflegen und wie abgebildet zusammennähen.

7 Körperteil rechts auf rechts zwischen X und O an den Hauptkörper steppen. Nähte von P bis Q und von R bis N arbeiten. Oberkörper auf Unterkörper legen und die Nähte von X bis J, K bis L und M bis N schließen. Dann die Naht von X bis N schließen, Öffnung zum Verstürzen lassen und den Schwanz am markierten Punkt in die Naht schieben.

8 Schlitze an der markierten Position in die Basis der Beine schneiden. Basis öffnen, und je eine Pfote an die geraden Kanten nähen. Jede Pfote rechts auf rechts legen und vom Schlitzbeginn rund um die Pfote bis zum Ende des anderen Schlitzes steppen; anschließend an den beiden Enden die Naht spitz auslaufen lassen.

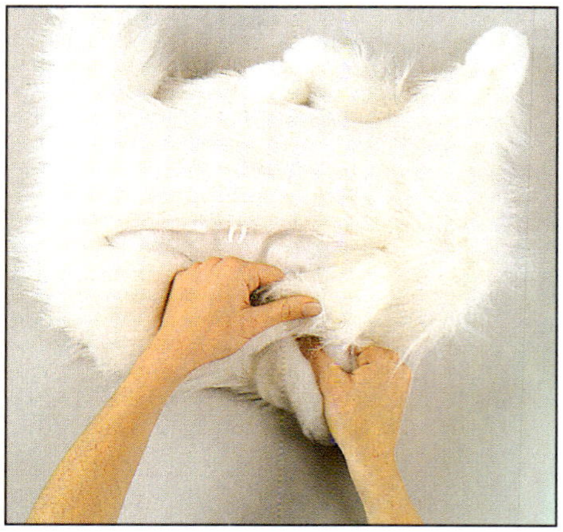

9 Körper verstürzen und locker mit Füllmaterial polstern; in jedem Fall darauf achten, daß die Tasche flach bleibt. Öffnung mit Leiterstich schließen. Kopf mit Leiterstichen und starkem Garn am Körper festnähen. Anschließend den Kopf gegenüber der Gummibandschlaufe annähen. Zum Schluß Satinschleife in zarter Farbe umbinden.

1 Quadrat entspricht 2,5 cm

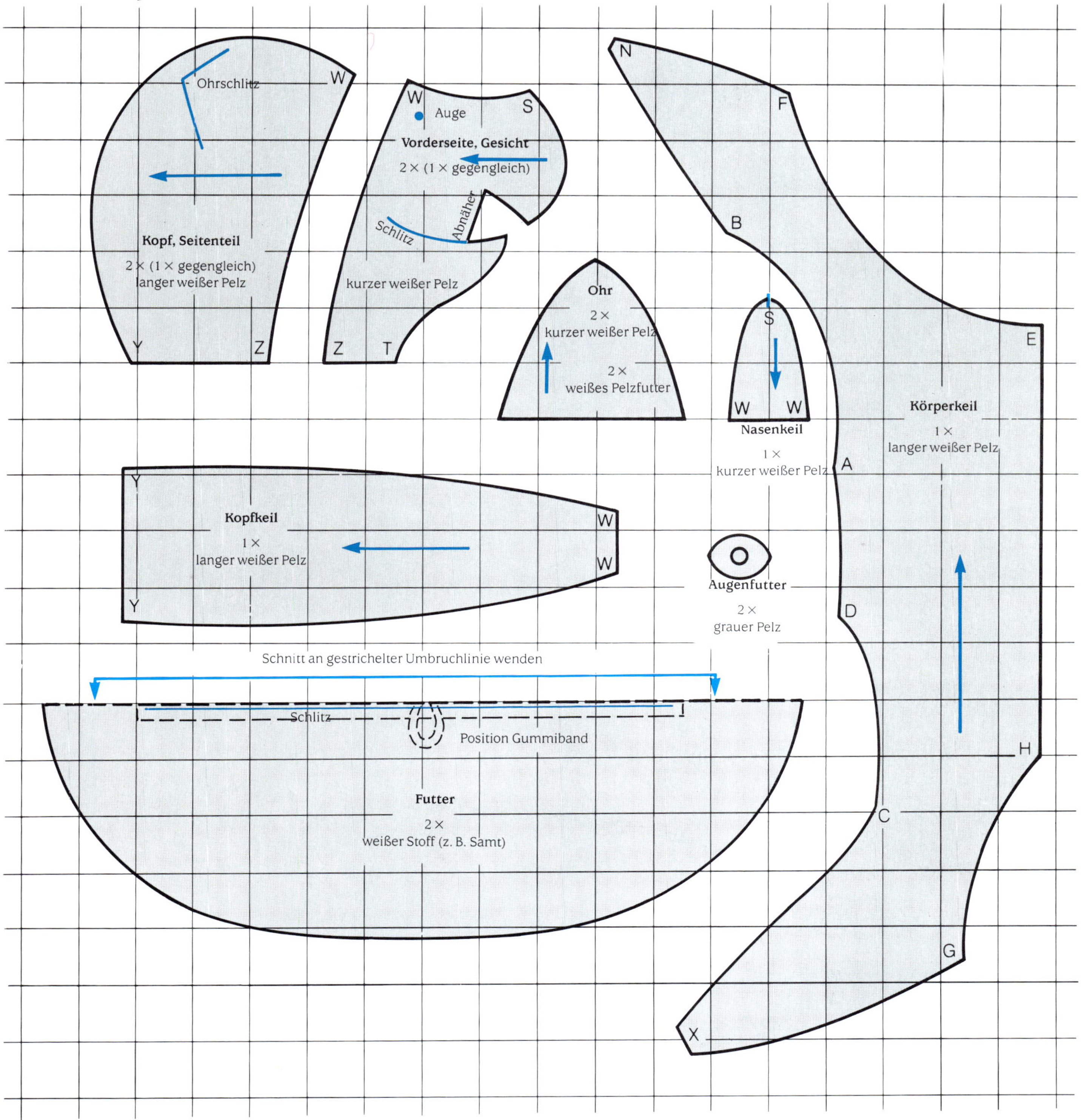

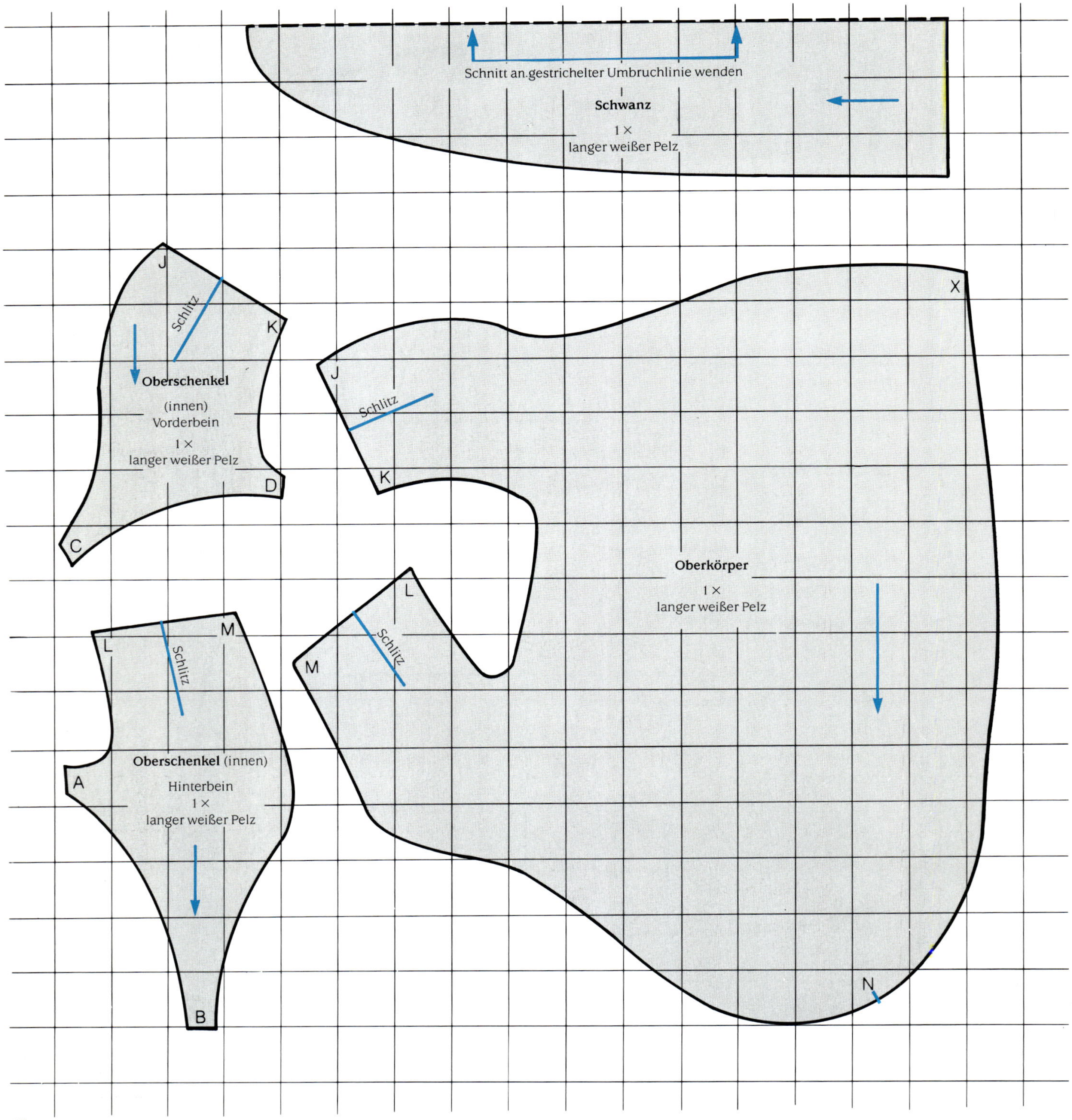
Schnitt an gestrichelter Umbruchlinie wenden
Schwanz
1 ×
langer weißer Pelz
J
K
Schlitz
Oberschenkel
(innen)
Vorderbein
1 ×
langer weißer Pelz
C
D
X
J
Schlitz
K
Oberkörper
1 ×
langer weißer Pelz
L
M
Schlitz
L
M
Schlitz
Oberschenkel (innen)
Hinterbein
1 ×
langer weißer Pelz
A
B
N

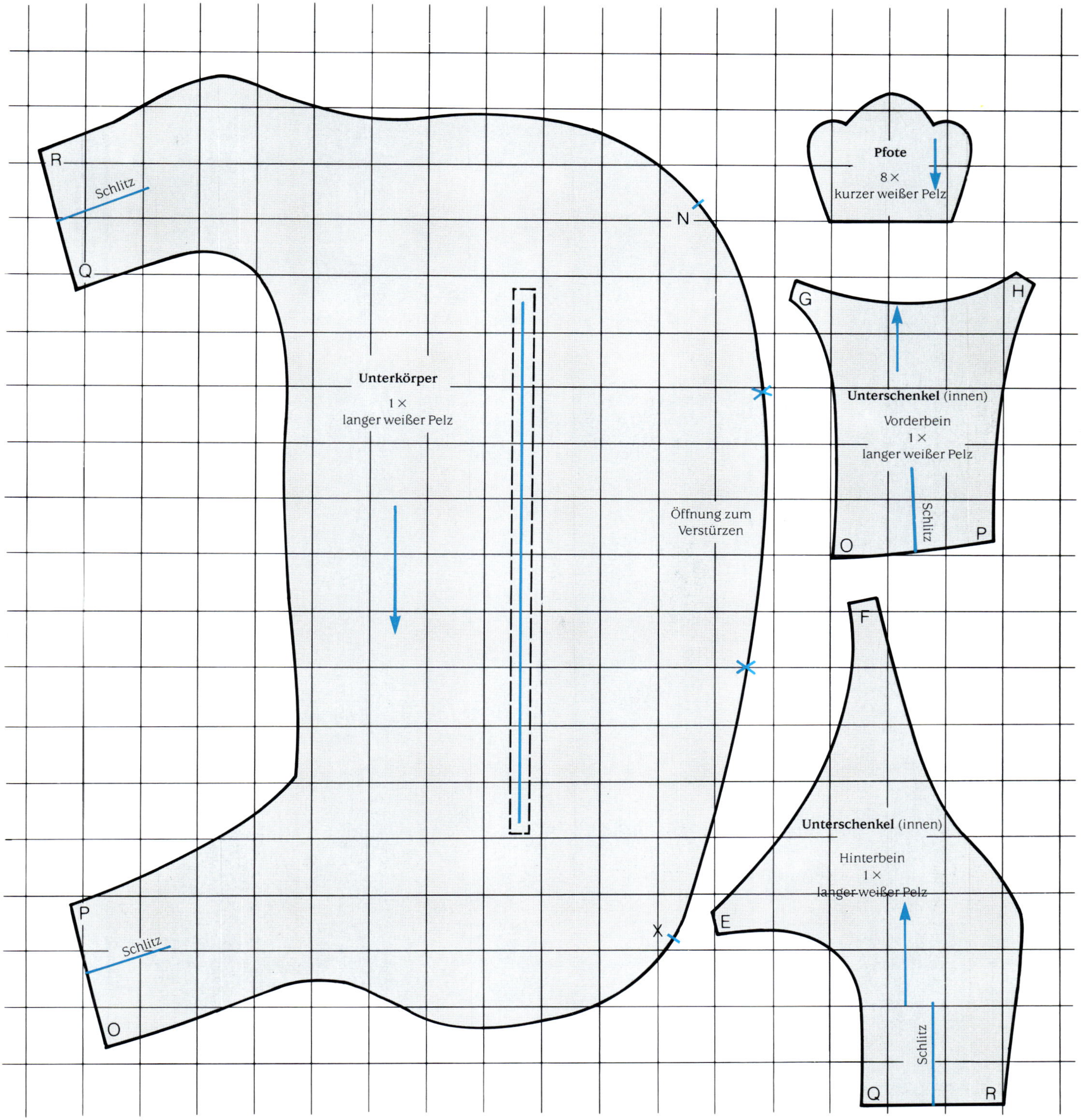
R
Schlitz
Q
N
Unterkörper
1 ×
langer weißer Pelz
Öffnung zum
Verstürzen
P
Schlitz
O
X
Pfote
8 ×
kurzer weißer Pelz
G
H
Unterschenkel (innen)
Vorderbein
1 ×
langer weißer Pelz
Schlitz
O
P
F
Unterschenkel (innen)
Hinterbein
1 ×
langer weißer Pelz
E
Schlitz
Q
R

Register

STRICKABKÜRZUNGEN

* *	=	Von da bis da wiederholen	M	=	Masche
abk.	=	abketten	R	=	Reihe
Abn.	=	Abnahme	Randm.	=	Randmasche
abn.	=	abnehmen	re	=	rechts
anschl.	=	anschlagen	restl.	=	restliche
li	=	links	wiederh.	=	wiederholen
			zun.	=	zunehmen

DANKSAGUNGEN

Das Rollo wurde von Sunway Blinds Ltd., GB, die Fimo-Modelliermasse von Inscribe Ltd., GB, und der weiße Korbsessel von Wesley Barrell, GB, zur Verfügung gestellt. Das Polstermaterial wurde von David Scotcher, GB, geliefert.

Der besondere Dank der Autorin gilt Madonna, Morris Minor, Muswell (Spats) und Rosalinda für ihre Mitarbeit und Geduld während der Fotoaufnahmen.